调研报告是怎样炼成的

黄 健 著

中国言实出版社

图书在版编目（CIP）数据

调研报告是怎样炼成的 / 黄健著 . -- 北京 : 中国言实出版社 , 2023.6
ISBN 978-7-5171-4515-8

Ⅰ . ①调… Ⅱ . ①黄… Ⅲ . ①调查报告—写作 Ⅳ . ① H152.3

中国国家版本馆 CIP 数据核字（2023）第 111855 号

调研报告是怎样炼成的

责任编辑：郭江妮　邱　耿
责任校对：王战星

出版发行：中国言实出版社
地　　址：北京市朝阳区北苑路 180 号加利大厦 5 号楼 105 室
邮　　编：100101
编辑部：北京市海淀区花园路 6 号院 B 座 6 层
邮　　编：100088
电　　话：010－64924853（总编室）　010－64924716（发行部）
网　　址：www.zgyscbs.cn　电子邮箱：zgyscbs@263.net

经　　销：新华书店
印　　刷：北京中科印刷有限公司
版　　次：2023 年 7 月第 1 版　2023 年 7 月第 1 次印刷
规　　格：710 毫米 × 1000 毫米　1/16　12.75 印张
字　　数：146 千字

定　　价：58.00 元
书　　号：ISBN 978-7-5171-4515-8

前　言

1983年我大学毕业，到研究室工作。此后30多年，从北京到南京，工作单位有变动，工作性质没有变。

国务院研究室有两项主要任务，一是调查研究，二是起草文稿，两者相辅相成，高度关联。调查研究形成书面报告，呈报领导参阅，斟字酌句，反复推敲，自不必言。起草文件或讲话，以调查研究为基础，摸清下情，吃透上情，先要想清楚，才能写清楚，想清楚的不一定写得清楚，没想清楚的一定写不清楚。

中央号召全党大兴调查研究，要求各级领导干部沉下身子，深入基层，研究新情况，解决新问题。调查研究是工作，是作风，也是能力。怎样确定调研题目？怎样开展调查研究？怎样提高调研质量？初学调研的同志往往无从下手。

在我的职业生涯中，有过多次调研活动，选择其中11次专题调研，写12篇文章，从具体个案出发，回顾调研过程，谈点工作体会，这或许对初学调研者有所帮助。有关调研报告附在文章之后，只删不改，不是作为范文，仅供写作参考。调研报告中一些事实，大历史中的小细节，客观反映了某个特定时期的社会矛盾，反映了现代化建设的曲折艰辛，翻阅旧时调研报告，重温改革开放初心。

调研报告是怎样炼成的

　　需要说明，我在有些文章中，提到某项调研成果引起重视，问题后来得到解决，绝不是夸大个人的作用，而是交代后续的发展，凡属经济社会生活中重大问题的解决，无一不是改革创新、群众性实践的结果，时势使然也。改革开放对经济工作者提出了很高要求，为调查研究开辟了广阔天地，在时代进步的大潮中，个人犹如汪洋之中一滴水，实在微不足道。

　　在我的调查研究实践中，单位领导传、帮、带，直接指点，一些同事参与调研，协力同心，没有领导的支持和同事的帮助，个人再努力，也可能一事无成。每忆及此，深深感恩，谨向老领导老同事致谢致敬！

作　者

2023 年 5 月于南京

目 录

坚持问题导向　聚焦发展主题
——《百县农民奔小康》调研始末…………………………001

用数据说话　从比较中鉴别
——一则小言论引起的专题研究…………………………020

重实证研究　为开放助力
——从对外商投资企业的调研说起…………………………036

大处着眼　小处着手　以学促研
——探亲期间的一次随机调研…………………………054

沉下身子　解剖麻雀
——《转型中的国有企业》调研纪实…………………………069

鼓励讲真话　敢于报实情
——《下岗职工访谈录》追忆…………………………089

把情况摸清　把问题找准　把对策提实
　　——关于下岗职工再就业问题的深度研究……………… 102

跟踪调查　延伸研究
　　——关于个体私营经济的两次调查研究…………………… 120

总结实践经验　解决实际问题
　　——建议撤并乡镇的调查札记………………………………… 138

一次多部门参与的调研突击战
　　——组织《WTO 与江苏经济》综合研究……………………… 153

把父老乡亲的生活录入史册
　　——我的乡村田野调查与口述史实践………………………… 168

谈谈调研报告的起草、修改与审核……………………………… 185

坚持问题导向　聚焦发展主题

——《百县农民奔小康》调研始末

　　1992年，我们组织全国117个县（市），开展百县农村奔小康大型调研活动。这项调研持续近一年时间，在领导支持、各方配合下，形成系列调研成果，随之召开全国性会议，交流经验，激励先进，以点带面，推动工作，取得了较好的社会效果。

　　"小康"这个词，我在孩提时期听说过。爷爷告诉我，生产队里两个70多岁的老人，哥哥叫"大康"，弟弟叫"小康"，这是他们的父亲——一个清末落第秀才给取的名字，反映了农民对子孙后代过上殷实生活的期盼。

　　小康成为社会热词，源于邓小平同志会见外宾的一次谈话。1979年12月6日，邓小平会见来华访问的日本首相大平正芳。大平正芳问："中国的现代化蓝图究竟是如何构想的？中国将来会是什么样的情况？"邓小平沉思片刻后回答说："我们要实现的四个现代化，是中国式的四个现代化。我们的四个现代化的概念，不是像你们那样的现代化的概念，而是'小康之家'。"小康新概念的提出，把国家目标与百姓生活联系起来，把理想从天上拉回人间，成为激励全国人民团结奋斗的强大动员令。

1983年秋，我大学毕业后分配到国家机关调研室工作。有天下午，室内同志一起讨论：所谓小康，大体上是什么模样？大家你一言我一语，讨论、争论，非常热烈，最后逐渐趋同：所谓小康之家，大体相当于土改时期的富裕中农。几个老同志越说越激动："哎呀，全国农民都过上这样的生活，那可真是了不得、不得了啊！"

1992年，以邓小平同志南方谈话为标志，我国改革开放和经济建设进入新的发展阶段，全国上下热气腾腾，向预期目标——2000年达到小康水平迈进。根据国家计委①的研究，我国农村实现小康，农民人均纯收入至少要达到1200元，1991年只有710元，如期实现小康，年均增长率必须保持在6%以上。而当时全国农民人均纯收入中，60%以上来自农业，农业比较效益下降，尽管生产连年丰收，农民收入增长依然缓慢。到2000年还有8年多时间，已经没有太多的回旋余地，如期达小康任务十分艰巨。

小康不小康，关键看老乡，我一直关注并琢磨着这个问题。那天翻材料，看到统计快报一则信息，1991年，全国100多个县农民人均纯收入超过1000元。这条信息引起我一连串思考：全国共有2100多个县（市），100多个县占5%；人均收入超千元，率先逼近小康指标，他们的今天就是全国农村的明天。百县走在发展前列，成为奔小康的排头兵，他们的客观条件怎样？发展现状如何？发展的主要途径是什么？有哪些共性与个性？面临哪些

---

① 国家计委为现国家发展改革委。

矛盾与困难？未来发展目标是什么？实践的榜样最有说服力，总结百县的发展经验，对于推动全国农村奔小康，针对性强，指导性强，这是一个好课题，有搞头，值得搞。

题目初步确定，拟定调研方案，进行调研前相关准备。方案一，自己下县直接调查，掌握第一手材料。我们人数少，分组调查，三四个月，也就跑十几个县，时间长，效率低。重要的是，各地农村差异很大，调查样本少，难以把握全面情况，容易出现片面性。于是就有方案二：在自己实地调查的同时，请千元县各自总结经验，他们最熟悉本地情况，容易取到真经。方案二的难点是，100个县材料上来了，三四十万字，内容形式不同，水平参差不齐，怎样才能全面、准确地概括、归纳、总结？这几乎是一个解决不了的难题。于是就有方案三：在方案二的基础上，发放调查问卷，给定选择项目，请千元县填写，汇总后统计归纳。

赶紧上图书馆找书，临阵磨枪，学习相关知识，设计调查问卷。问卷有五个方面内容：一是经济发展条件，包括自然资源、经济环境、优惠政策、区位条件等。二是经济发展水平，1980年至1991年动态情况，包括经济总量、产业结构、农业结构、乡镇企业的基本数据及增长率。三是经济发展途径，列出乡镇企业、高产高效农业、外向型经济、多种经营、市场先导、畜牧业、旅游业、个体私营经济、水产养殖等十个选项，请百县从中选择四项。四是经济收入分配，包括总收入、总支出、纯收入数据，纯收入中国家税收、集体提留、农民所得、县财政收入及构成，农民人均纯收入、增长率及构成等。五是经济发展趋向，千元县自定的人均纯收入小康指标以及实现小康的时间，奔小康面临的突出问题，下一步发展重点等。调查问卷的制定，是调查研究的前奏与开端，初步理顺了调研思路，为调研完成后起草调研报告打下了轮廓性基础。

为了使调查问卷更加精准、简捷、可操作，我们带着问卷草案，专程到北京怀柔县[①]、天津武清县[②]，向县里同志讨教，听取他们的意见，进一步删减调整，请他们现场模拟填写，半小时可以完成。又想到新的问题：100多张问卷，最终如何统计？人工归总难度大，而且容易出错。后来找到情报所，商请他们帮忙，用计算机统计，按上机要求重新规范，最后形成四页对开的调查问卷。

各项准备就绪，将调研题目、调研目的、调研方案、调研计划向领导报告，获得首肯。从酝酿确定题目，进行调研前准备，到领导批准，前后半个多月时间。

5月下旬，单位向各省市政府研究室发出通知，请他们合作调查，协助千元县总结经验、填写问卷，约定交稿日期。我们分头到东部、中部、西部地区，各选择两三个县，进行实地调查。

按照分工，我去辽宁省大洼县[③]、黑龙江省海林县[④]、内蒙古自治区鄂温克族自治旗调查。这三个县各有特点，一个是以"辽宁南大仓"著名的农区，一个是号称九山半水半分田的林区，一个是呼伦贝尔大草原牧区。调查中，我们既关注三县发展的共性，

---

① 怀柔县为现怀柔区。
② 武清县为现武清区。
③ 大洼县为现大洼区。
④ 海林县为现海林市。

共性特点才能普遍意义,又关心各自发展的个性,我国县域情况千差万别,基本方针是因地制宜,分类指导。围绕重点搞调研,摸清实际情况,分析来龙去脉,三县互相比较,边调查边思考,回到北京后很快写出了调查报告。

对于这项调研,各地相当支持,密切配合,7月下旬材料陆续报来,我们抓紧阅研,尽快消化。8月底,117个县的经验材料、调查问卷如期收到。依据调查问卷的统计结果,结合各县报送的材料,分工负责,形成五个分报告:之一,跳跃式的发展,历史性的跨越;之二,百县农民致富奔小康的基本途径;之三,对百县经济发展差异的比较分析;之四,促进全国农村奔小康的政策建议;之五,百县调查统计分析报告。

在分报告的基础上,进一步概括凝练,起草课题总报告《百县农民奔小康的成功之路》。总报告构架简单,分三个部分:

第一部分,蓬勃发展的百县经济。改革开放以来,百县经济迅速崛起,实现了跳跃式发展,主要特点是:农村经济高速发展,经济实力大为增强;产业结构实现历史性跨越,开始向工业化阶段迈进;自我封闭的僵化模式已经打破,市场经济格局正在形成;农民收入成倍增加,生活接近小康水平。

第二部分,百县经济蓬勃发展的主要经验。一是努力培育多种形式的经营主体,形成商品经济大合唱;二是积极发展商品市场和生产要素市场,自觉建立市场经济机制;三是因地制宜发挥优势,走高产优质高效农业和乡镇企业协调发展的路子;四是大力推进对内对外的全面开放,不断开拓市场的广度和深度。

第三部分,加快农村奔小康的政策建议。共有五条:继续坚持以公有制为主体，鼓励多种经济成分共同发展；把建立健全农村市场体系放到更加重要的位置，引导农村商品经济的发展；因地制宜开发优势资源，形成各具特色的县域经济支柱产业；增加农民收入，逐步缩小差距；像抓国有大中型企业那样重视县级改革和经济发展，增强县域经济发展活力。

总报告呈报后，得到领导充分肯定。1993年4月11日，中国农村奔小康经验研讨会在北京召开，全国100多个农民人均纯收入超过1000元的县（市）负责人出席会议。国务院研究室主任、农业部长到会讲话，十个县（市）负责人发言交流。12日中午，国务院领导同志在中南海紫光阁门前，亲切会见会议代表并合影留念。国务院主要领导讲话，他希望参加会议的同志相互交流经验，结合实践，认真研究，总结归纳出带有普遍意义的经验，推动各地农村改革和经济建设，探索农村奔小康之路。

百县调查主题重大，调研规模大，涉及范围广，成果转化好，效果超出预期。之所以如此，靠的是"天时、地利、人和"。"天时"，借邓小平南方重要讲话和党的十四大东风，全国农村奔小康箭在弦上；"地利"，借国家高层机关之利，得到各省市、千元县以及相关部门的协助配合；"人和"，单位领导支持指导，课题组共同努力，以集体的智慧支撑调研。

又记：根据国家统计局公布的数据，2000年全国农民人均纯收入2,253元，2022年全国农村居民人均可支配收入达到20,133元。时隔30年，中国农村发生巨大变化，假如对当年的千元县再作调查，前后分析比较，想来是一件很有意义的事情。

附1：课题总报告（节选）

百县农民奔小康的成功之路

（1992年12月）

党的十一届三中全会以来，我国农村率先改革，取得了前所未有的伟大成就，谱写了全国经济改革与发展大潮中最为辉煌的篇章。在充满希望之光的大道上，全国先后涌现出一批经济发展较快、农民人均纯收入超过千元、生活接近或达到小康的县。他们敢于实践，大胆探索，闯出了各具特色的成功道路，为全国农民奔小康树立了样板。分析这些县经济发展的状况，总结经验，探索加快发展的基本途径，对于促进农村改革和经济建设，推动全国奔小康，有着十分重要的意义。

一、蓬勃发展的百县经济（略）

二、百县经济蓬勃发展的主要经验

百县经济持续高速增长，在全国农村奔小康的进程中起着领跑者作用，固然与社会经济大环境的改善和各自的客观条件有关，最根本的还是依靠自身的艰苦努力，不断开拓前进。他们的基本经验，概括起来，就是遵循邓小平同志建设有中国特色社会主义的理论，解放思想，大胆探索，坚定不移地推进以市场为取向的改革开放，放手发展社会主义市场经济，最大限度地解放和发展农村生产力。从经济方面看，大体可以归纳为以下几个方面：

（一）努力培育多种形式的经营主体，形成商品经济大合唱。

发展社会主义市场经济，最重要的基础条件，是必须拥有众多能够适应市场经济要求的经营主体。十多年来，百县在稳定和完善家庭联产承包责任制、建立健全统分结合双层经营体制的同时，以市场为取向，积极探索和发展国有、集体、合作、个体、私营、中外合资、股份制等多种经济成分，优势互补，互相竞争，形成一大批充满生机的经营主体，构成发展社会主义市场经济的先导力量。

抓住机遇，大力发展多种形式的乡镇企业，使之成为最具活力、最具影响力的经营主体，是百县经济蓬勃发展的鲜明特点。江苏省江阴市资源缺乏，主要生产资料计划供应部分只占5%，95%以上产品靠外销。他们踏遍千山万水，吃尽千辛万苦，千方百计搞供销，先后与全国200多个县市建立了多形式、多渠道协作关系，两头在外变成了两头都活，1991年乡村集体企业总产值107亿元，产品销售到全国各地、100多个国家和地区。广东省顺德市[①]坚持集体经济为主、镇办工业为主的方针，11年间乡镇企业总产值翻了四番，1991年18家乡镇企业产值超过1亿元，规模最大的近10亿元，"饮马长江、逐鹿中原"的众多国优、部优名牌产品，从乡镇企业中源源而出。乡镇企业具有充分的生产经营自主权，政府坚持为企业服务又不干预其正常经营活动，使

---

① 顺德市为现顺德区。

乡镇企业能够对市场变化及时作出灵活反应和决策，掌握生产经营主动权。正是这种以市场为导向的经营机制和优胜劣汰的竞争机制，促使百县乡镇企业在摸爬滚打10年后，达到了较高的水平，成为繁荣农村经济的支柱。

乡镇、村、联户、个人等多种轮子一起转，发挥各自优势，共同参与市场，促进农村各业大发展，是百县的普遍经验。广东省新兴县发挥家庭经营优势，大搞山区资源开发。他们选择投资省、见效快、价值高、有市场、又适合当地农民种植习惯的生产项目，提供优惠政策，搞好科技、流通服务，形成星罗棋布的小场、小园、小基地，山区商品经济植根于千家万户之中，山区穷县短短几年脱贫致富。广东省花县[①]在集体经济为主导的前提下，发动镇、村、联户和个人等各层次经济力量，共同开拓农村经济，逐步形成优势互补、分工配套的格局：在乡镇工业中，镇、村集体企业从业人员占该行业的77%，产值占79.4%，占有较大优势；在商饮服务业和运输业中，个体从业人员占94.5%，产值和固定资产均占86%，构成这些行业的主体。浙江省慈溪市实行"集体为主、多路并进"的方针，全市乡镇企业70%是联户工业和家庭工业，1991年产值7亿多元，上缴税金5000多万元，以妇女家庭辅助劳力为主的缝、纺、编、绣等，参加人数达18万人。

在培育和发展新的经营主体中，农户家庭仍然是百县经济中最基本、最活跃的经济细胞，家庭经营的优势在多种经营、庭院

---

① 花县为现花都区。

经济、个体商业、运输业、饮食业、农副产品加工业、流通等方面得到充分发挥，农民纯收入中65%来自家庭经营。与此同时，以农户为基础的股份合作制逐步发展，引人注目。福建省晋江市的股份制企业形式多种多样，有农户联营、全村农户入股、职工全员入股，还有集体与个人合股、中外合资企业等，股份制企业个数、产值及参与农户占相当比重，成为乡镇企业的主力军。广东、山东等省的千元县中，也出现了多种类型多种形式的股份合作经济。股份合作制产权关系明确，既有明显的规模效益和组合优势，又有自主经营、自我调整的灵活机制，是农村商品经济中很有发展潜力的经营主体。

（二）积极发展商品市场和生产要素市场，自觉建立市场机制。（略）

（三）因地制宜发挥优势，走高产优质高效农业和乡镇企业协调发展的路子。

百县自然条件和经济基础各不相同，既有沿海地区，也有内陆地区，既有平原、海岛，也有山区、牧区。他们的可贵之处，在于坚持把改革开放、发展商品经济的大趋势与当地的具体实际结合起来，正确选择有利于发挥当地优势的发展战略，走具有本地特色的发展路子。

归纳起来，百县闯出了各具特色的十条路子：一是以浙江义乌、广东普宁等为代表，着力建设和发展商品经济，以市场为龙头带动生产，走"兴商建县"之路；二是以江苏无锡、浙江绍兴、广东顺德等为代表，集体经济为主，工业经济为主，内引外联，走发展乡镇企业之路；三是以广东南海、福建福清等为代表,"三来一补"上路,大力发展创汇农业和"三资"企业,走外向型经济之路;四是以山东桓台、辽宁盖县①等为代表,狠抓农业结构调整,种养加结合,走高产优质高效农业之路;五是以上海川沙、北京昌平为代表,发挥城市郊区的地理优势,大力发展为大城市配套的乡镇工业及副食品基地,走城郊型经济之路;六是以山东长岛、广东新兴等为代表,耕海牧渔,建设绿色银行,走资源综合开发之路;七是以浙江瑞安等为代表,请能人出山,让千万个前店后厂式的个体联户企业唱主角,走发展个体、私营经济之路;八是以福建晋江、广东宝安为代表,发动群众联户集资,发展合作企业,走股份制经济之路;九是以黑龙江黑河市为代表,建设边贸市场,沟通跨国贸易,走"边贸兴市"之路;十是以内蒙古鄂温克族自治旗、青海刚察县为代表,坚持以牧为本,发展多种经营,走牧农结合振兴牧区之路。

百县的发展路子,最基本的是发展高产优质高效农业和乡镇企业,农业工业两翼齐飞。百县以大农业的新观念指导农业发展,较早地跳出了片面依赖粮食和耕地的圈子,立足于整体资源的综合开发,向滩涂、水面、丘陵、草原和中低产田进军,向农工贸、种养加和创汇农业要效益,全面振兴农林牧渔业。高产优质高效农业的蓬勃发展,为大规模发展乡镇工业奠定了较为坚实的基础,百县中有85个县乡镇工业成为振兴经济的主导产业。乡镇工业发展了,一方面,用自己的利润反哺农业,促进了农业的综合开发和发展;另一方面,促进了工业小区和小城镇建设,

---

① 盖县为现盖州市。

带动了第三产业发展。从当地实际出发，以高产优质高效农业为基础，乡镇工业为主体，第三产业特别是市场流通为依托，三大产业互相配合，协调发展，形成农村经济的良性循环，较为充分地释放了百县农村劳动力和自然资源的巨大潜能。

（四）大力推进对内对外的全面开放，不断开拓市场的广度和深度。（略）

三、加快全国农村奔小康的政策建议

（一）继续坚持以公有制为主体，鼓励多种经济成分共同发展（略）。

（二）把建立健全农村市场体系放到更加突出的位置，引导农村商品经济的发展（略）。

（三）因地制宜开发优势资源，形成各具特色的县域经济支柱产业（略）。

（四）增加农民收入，逐步缩小差距（略）。

（五）像抓国有大中型企业那样重视县级改革和经济发展，增强县域经济活力。（略）

附 2：调查报告

三个县的不同致富途径及启示

（1992 年 6 月）

一、辽宁省大洼县[①]：以粮为本　多种经营

大洼县[②]原来是国家重点开发的国有农场，农业条件好，主要种植水稻，素有辽宁"南大仓"之称。1983 年，该县对农场管理体制进行改革，形成了以家庭农场联产承包责任制为基础的双层经营体制，调动了农民的生产积极性。可贵的是，大洼县[③]在农田承包到户的同时，农场体制下形成的社会化服务体系没有削弱，还得到了发展和完善。他们不仅在农业技术、农机作业、水利灌溉、病虫害防治、农用物资供应、资金垫付等方面坚持"七统一"服务，还采取多种政策和措施，持续增加农业投资，水利建设累计投入 1 亿多元。由于政策对头，措施得力，该县水稻全部实现良种化，连年稳产高产，1991 年亩产 1184 斤，总产量比 1980 年增加 68.8%，成为国家优质大米出口基地之一。

---

① 大洼县为现大洼区。
② 同上。
③ 同上。

调研报告是怎样炼成的

大洼县①人均耕地 2.6 亩，户均十几亩，光靠种田难以致富。他们发挥东傍辽河油田、西濒渤海之滨的地理优势，广辟生产门路，发展多种经营。一是大力发展养殖业。集中开发利用 18 万亩近海滩涂，养对虾、文蛤，主要出口日本；养淡水鱼 7 万亩，家庭养猪养鸡。1991 年渔业、畜牧业产值比 1980 年增加 2.2 亿元，增长 3.4 倍。二是发展建筑业，增加劳务收入。1980 年建筑业产值仅 287 万元，1991 年增加到 1.68 亿元。三是发展庭院经济。大洼县②出了个能人王京平，他利用有限的庭院面积，创造了猪舍、厕所、沼气池、蔬菜大棚四位一体的庭院生产模式，庭院年收入 1 万多元。县里总结推广王京平的经验，发展了 3000 多个庭院生态户，每户建庭院大棚 100 平方米左右，既养猪，又种菜，沼气点灯做饭，一般年收入 2000 元左右。该县 1988 年开始发展场乡企业，主要发展化工系列产品以及农副产品加工业，去年产值 4 亿元。虽然起步较晚，但场乡企业吸收一批剩余劳动力就业，工资收入成为农民收入的重要来源之一。

经过十多年的改革和发展，大洼县③社会经济发生显著变化：单一的全民所有制已经被双层经营体制为主的多种经济成分所代替，发挥和调动了各个层次的生产经营积极性；以种植水稻为主的经济结构已经被打破，农业在社会总产值中的比重由 66.5% 下降到 38.8%，工业比重上升到 43.3%，建筑业、运输业、商业饮食业比重从 5.3% 上升到 17.9%；农民人均纯收入 1065 元，在辽

---

① 大洼县为现大洼区。
② 同上。
③ 同上。

宁44个农村县（市）中名列第七。

二、黑龙江省海林县①：以山富民　靠工富县

海林县②是杨子荣战斗过的地方，号称九山半水半分田。农民人均耕地4亩，旱田多，无霜期短，农业生产条件差，但林地资源、野生动植物资源十分丰富。以前，为解决吃饭问题，海林县③单一抓粮食，农民人均年收入150元左右，80%以上来源于农业。改革开放以来，海林经济实现了大的飞跃：经济结构形成农业、多种经营、乡镇企业三足鼎立之势；财政收入在黑龙江省69个县（市）中名列第二，去年上解省财政8270万元，相当于省上解中央数额的27%；去年遭受50年未遇的洪涝灾害，农民人均纯收入接近1000元。

海林县④经济发展的特点是，在调整种植业内部结构的基础上，发挥山区资源优势，以山富民，靠工富县。

在种植业内部，突出发展高产优质高效作物。首先是扩大水田面积，从10万亩增加到18万亩，种植水稻，提高和稳定粮食总产。在此基础上，扩大经济作物面积，主要是种烟草、黑豆（黑加仑）、甜菜、大豆等。经济作物收益一般是粮食作物的几倍甚至十几倍。横道河子镇七里地村去年种黑豆200亩，纯收入10万元。柳树河子村一农户去年种植大豆、黑豆17亩，年收入7000多元。

---

① 海林县为现海林市。
② 同上。
③ 同上。
④ 同上。

在大农业发展中，突出开发山林资源。他们充分利用山多、草资源丰富的优势，根据各乡各村特点，猪、牛、羊、禽并举，去年畜牧业产值占农业总产值的18.3%。山地全部划片到村，承包到户，累计造林56万亩，其中果林2万亩，"绿色银行"开始产生效益。海林县的蕨菜、甜葫芦、刺老芽、山菠菜、草莓久负盛名。过去，这些产品形不成商品，许多资源白白浪费。现在，通过有计划的季节性采集，统一收购，出口日本和韩国。我们访问七里地村一些家庭，去年山产品收入都超过1000元。

在农村经济结构中突出发展加工业。这个县70年代开始种黑豆，80年代中期曾经达到3万亩，由于没有加工能力，销不出去，农民叫苦不迭，毁田拔苗。后来，他们用补偿贸易的方式，从瑞典引进加工设备，县里办起了浓缩果酱厂，对黑豆进行初级加工，产品销往国外，保护了农民种黑豆的积极性，增加了产品加工附加值，还增加了县财政收入。海林把办果酱厂的做法归纳为"办一厂、兴一业、富一片"。去年全县乡镇企业产值从1980年的2000多万元增加到4亿多元，占社会总产值的一半以上，从业人员14000多人，壮大了集体经济，增加了农民收入。

三、内蒙古鄂温克族自治旗：科技兴牧　牧农结合

在富饶美丽的呼伦贝尔大草原，有一个以鄂温克族为主体、汉族占多数、20个民族组成的鄂温克族自治旗。该旗草场辽阔，牧草资源丰富，是呼盟重要的畜牧业基地和奶牛业基地。1983年冬末1984年春，鄂温克旗实行牲畜草场双承包不久，就遇到了历史上罕见的"白灾"，大批牛羊冻死饿死，牲畜总数从24.6万头骤降到15万头。在严峻的考验面前，鄂温克人民一靠政策，

二靠科技,三靠农牧结合,生产迅速恢复和发展。1991年,牲畜总数31万头,畜禽产品产值、农牧业产值比1983年翻了一番多,牧民人均纯收入1073元。

鄂温克旗发展畜牧业,主要抓三个环节:一是从养羊为主转变为养牛为主,多养奶牛。养羊见效快,但羊的抗灾能力不如牛,综合报酬率低。现在,全旗养牛9.4万头,增加一倍多,其中奶牛4万多头,增加了4倍,牛奶产量从7000吨增加到3.5万吨。牛奶多了,全旗办了7个乳品厂,牛奶收入占牧民收入的一半左右。二是搞好基地建设,增强牛羊抗灾越冬能力。呼盟地区冬季长达7个月,牧草从返青到枯黄不过5个月时间,牲畜能否安全越冬是畜牧业发展的首要问题。为了改变靠天养畜的状况,这几年该旗大抓草场改良,多种快耕快熟饲料,多打多储牧草,建造了3100多座牲畜棚圈,严寒时牛羊进棚圈养保暖。三是重视改良牲畜品种,搞好防病防疫。牲畜品种改良率57%,其中牛的优良品种率达到86.7%,新打机井、筒井350多眼,基本解决了牲畜饮水卫生问题。

鄂温克旗经济发展的一个重要特点,是打破单一的牧业生产结构,发展种植业,以农促牧。该旗有90万亩黑土地,适合种小麦,以前国有农场种植不到5万亩。1988年开始,他们采用集体农场、大面积开发、机械化作业方式,开发10万多亩耕地,去年小麦总产6000万斤,加上饲料业,种植业总产值已接近畜牧业。集体农场开荒种地,有利于解决饲料问题,增加牧民收入,缓解单一的牧业结构带来的风险,还可以壮大集体经济实力,增加对畜牧业、饲料业的投入,实现粮多、畜多、肥多、草多、收入多的良性循环。

四、几点启示

两县一旗的经济实力和人均收入水平，与沿海地区农村相比尚有差距，但在当地省区名列前茅。他们的发展途径，在北方同类地区有一定的代表性，给人以启迪。

（一）实行联产承包责任制，放开农产品市场，是农村经济蓬勃发展的重要前提和基础。两县一旗分别是农区、山区和牧区，资源条件没有多大变化，十多年前不足温饱，现在人均纯收入接近或超过1000元。基层干部和农牧民把变化的原因首先归功于党的政策。他们说，大包干调动了农民积极性，把一部分人从土地中解放出来；放开市场使农牧民致富有门，为发展经济奔小康开辟了广阔的天地。这样的好政策必须坚持、完善和发展，绝不能有丝毫的动摇。

（二）充分发挥资源优势，走种养加经合、贸工农、牧农工一体化道路，是农村奔小康的希望所在。两县一旗自然条件、经济基础在本省区属中等偏下，发展较快的重要原因，就在于他们因地制宜，扬长避短，及时调整经济结构，使传统的单一结构走上一业为主、多业并举的健康轨道。调整种植（牧）业结构可以解决温饱，开展多种经营可能达到小富，发展乡镇企业才能走向富裕，这已经在两县一旗的干部和农牧民中达成共识。

（三）抓市场，抓流通，是农村经济工作的重点和难点。目前，从县、乡到村，从干部到农民，到处洋溢着改革开放大干快上、齐心协力奔小康的气氛，农村建设将出现一个新的高潮。但是，一些地方主要还是在扩大生产上打转转，对如何开拓市场缺乏足够认识，扩大生产带有一定的盲目性。如果不能以市场为龙头组织生产，发展种植业可能出现"卖难"问题，搞乡镇企业也有后顾之忧。因此，当前农村经济工作既要重视抓生产，更要重视抓市场、抓流通，要解决认识问题，也要解决体制问题、政策问题。

（四）发展农业社会化服务和乡镇企业，促进共同富裕，是农村奔小康的重要保证。在改革开放、商品经济大潮面前，以家庭作为生产单位，既要生产，还要经营，许多农民难以适应。海林县[①]、鄂温克旗去年四分之一的农户人均收入500元以下。家庭经营可以解决温饱，但相当一部分农户无法实现小康，也难以实现农村现代化。在促进共同富裕方面，两县一旗做了有益探索。例如，以种田能手或技术能手为核心，引导农户合作劳动、联户经营；加强农业社会化服务体系建设，办一家一户办不了也办不好的事情；发展乡镇企业，增加劳动机会和收入来源等。如何发挥多种经济形式的优势，促进经济发展和共同富裕，这个问题需要在实践中认真加以解决。

---

① 海林县为现海林市。

用数据说话　从比较中鉴别

——一则小言论引起的专题研究

1988年，中国改革开放进入第十个年头，一个重要的历史关节点。其时，计划经济受到严重冲击仍发挥重要作用，市场经济充满活力还没占支配地位，以价格双轨为主要特征的新旧体制，互相胶着激烈碰撞，新思潮新文化纷纷涌入，既激动人心又令人眩晕。面对巨大的文化落差、急剧的社会变化，有些人焦虑急躁，有些人悲观失望。

这年5月，《人民日报》"今日谈"专栏刊登文章，说1980年中国GNP是日本的1/4，1985年成了1/5，1986年只有1/6，差距还在扩大，呼吁人们增强危机意识与发展紧迫感。这则言论引起领导同志注意，他在报纸上批示，意思说，这几年我们自己感觉干得不错，发展很快，怎么差距还在扩大？要研究这个问题，写文章正面引导，提升人们的信心。这项任务落实到我们单位，交给我承担。

我先找统计数据，查增长速度，核实相关信息。1980年至1986年，中国经济年均增长9.2%，日本年均增长3.7%，中国增速明明高于日本，为什么差距急剧扩大？与几位同事讨论，一位同志说，日本经济基数几倍于中国，即使我们的增速高于日本，在相当一段时间内，两国的总量差距还会扩大；另一位同志说，我们以工业农业为主，人家高新技术产业，发展不在一个层面上，差距当然会扩大。他们的说法各有道理，却没有解释经济增速与差距扩大相矛盾的问题。

我来到国家统计局，向一位新任副司长请教。我们总会遇到自己不懂的东西，不懂就要请教，调查就是学习。这位同志从国外进修归来，竞争上岗，崭露头角。他一语中的，说问题出在汇率上。由于各国币制不同，在进行经济比较时，通常将本币折算成美元，但是汇率经常发生浮动，这就导致经济比较可能出现误差甚至悖论。他向我介绍，因为汇率折算成美元进行国际比较时的缺陷，联合国从1960年代以后，逐步试行购买力平价办法，需要一整套统计体系与分类标准，目前我国还不适应这些要求。

我再查统计数据与相关资料，初步摸清了情况。1980年初，日元对美元汇率约1∶250，1985年广场协议之后，日元一年多时间里急剧升值约33%，这就使得以美元折算的日本经济总量，1986年比1985年大涨48.17%。中国情况恰好相反，1980年人民币对美元汇率1∶1.49，1985年1∶2.94，1986年1∶3.45，人民币贬值，使得以美元折算的中国经济总量，1986年比1985年下降9.7%。日元大幅升值，人民币持续贬值，汇率的影响远远超过经济增速的影响，这就使得以美元折算的经济总量，1985年中国是日本的22.7%，1986年下降到14.85%。用美元GDP简单比较，从而得出中国与日本经济差距越拉越大的结论，忽略了汇率变化带来的不可比性。

落实写文章正面引导的要求，通常就是讲发展成就，讲经济增长速度，讲工农业主要产品产量，讲开放中的外贸外经，讲城乡居民生活改善等。我在调研中产生一个新的想法，问题既然由中国与日本的经济对比引起，何不来一个深度研究，把中国改革开放十年来的发展情况进行国际比较，看看我们到底在哪些方面取得了成就，缩小了差距，哪些方面还很薄弱，差距很大，既看到进步，增强人们信心，又找出差距，明确发展重点，全面辩证地分析形势，可能更有说服力，宣传效果更好。

进行国际比较，先确定四项要素：一是对象，二是时段，三是数据，四是指标。在比较对象上，与世界人均水平比，与发达国家、发展中国家比，与美国、日本、加拿大、印度、巴西、韩国比较。在时段划分上，主要比较1978年至1987年的变化，有些方面数据不健全，选择十年之中一段时间。在数据来源上，主要采用世界银行年度报告中的数据，以及国内相关统计资料。

先对增长速度进行比较，中国要缩小国际差距，持续保持较高的增长率是必要的。统计数据表明，1980年至1985年，中国经济年均增长9.8%，农业、工业、服务业全面增长，速度远远高于发达国家、发展中国家，远远高于参与比较的6个国家。经济效益主要比较能源产值率与劳动生产率，中国进步很大，差距也很大。1978年到1986年，中国能源产值率提高41%，劳动生产率提高57.6%，但是1986年中国的能源产值率，只有世界水平的43%，只及印度的56%，劳动生产率只有世界水平的16%，美国的3.5%，日本的4%，韩国的17%。

比较主要工农业产品产量，可以排除币制因素，客观反映一个国家的生产能力与经济实力，是国际经济比较的重要内容。

我们对谷物、棉花、肉类产量及人均产量进行比较。统计数据表明，1987年，中国谷物产量已经超过美国，占全球产量1/5，人均产量接近世界人均水平；棉花产量10年接近翻番，超过全球产量1/4，人均产量超过世界人均水平18%；肉类产量10年翻了一番多，人均产量超过日本、韩国。农业方面的这些数据表明，中国已经越过温饱阶段，开始向小康生活迈进。

工业数据不如农业数据乐观。1987年与1978年相比，中国钢产量增长77.1%，但人均水平依然偏低，不到世界人均水平的40%；原煤产量增长55%，人均产量接近世界人均水平；发电量增长近1倍，但是人均发电量不到世界平均水平1/4。交通运输发展很快，差距更大，新加坡人口不到中国的0.25%，海运装货量是中国的2/3，卸货量占85.3%，航空客运量是中国的1.85倍，货运量为2.43倍。中国电力工业及运输业的落后状况，与经济快速发展的要求显然是不适应的。

外贸是中国经济发展的亮点。进出口数据表明，1978年至1987年，全球货物贸易总额增长90.4%，中国增长300%，居世界位次从第28位前移到第12位。但是还不够，很不够，1987年中国出口额占世界比重1.6%，美国占10.2%，日本占9.2%。

科技教育事业的发展，事关经济质量与发展后劲。对中国与美国、日本、巴西、印度的科技教育比较分析，美国、日本代表最发达国家，巴西、印度是最引人注目的发展中大国。从科学家、工程师总数看，中国103.3万，巴西136万，印度247万，美国343.3万，日本704万，中国差距实在太大。从科技经费支出看，中国占CDP比重1.6%，高于印度、巴西的1%，低于美国的2.7%、日本的2.6%。1986年，中国在ISTP的论文总数位列世界第14位，超过印度、巴西，但实际引用率不高，巴西1.33，印度0.8，中国0.43，远低于美国的3.7和日本的2.53。高等教育毛入学率差距更大，中国是1%，印度9%，日本30%，美国66%。在教育经费方面，中国已经做出了巨大努力，占GDP比重仍然偏低，1987年达到2.07%，印度3.2%，巴西3.3%，日本5.7%，美国6.7%。

根据以上研究分析，得出三个基本结论：中国十年改革开放成就巨大，国际经济差距总体上明显缩小，我们有理由为此而自豪；中国的国际经济差距还严重存在，我们切不可因十年成绩巨大而有丝毫懈怠；我们有能力逐步缩短国际经济差距，关键在于提高经济效益，加快发展科学技术和教育事业。

"今日谈"一则小言论，拓展成一项专题研究，形成一万多字的综合报告："进步与差距：中国改革开放十年来的经济成就及国际比较"。《经济参考》报整版刊发全文，新华社通稿摘发主要内容，中央各主要新闻媒体转载，取得了较好的社会反响。

数据是枯燥的，也是有说服力的。这项研究引用国内国外大量数据，列出18个中外对比表格，从比较中鉴别，肯定进步，找出差距，尽可能作出令人信服的结论。调查研究方式多样，可以走访调查、典型调查，也可以案头作业、数据分析。调查研究要摸清情况，找准问题，搜集数据就是调查，分析数据就是研究。依托详尽的统计数据，对经济活动或社会现象多维度分析，归纳总结，作出判断，成本低，效率高，是调查研究的基本方法之一。

又记：研究报告中提到，美国兰德公司分析预测，到2010年，中国经济总量将超过日本跃居世界第二。1987年，中国GDP只及日本的13.33%，大多数中外专家认为这种预测过于乐观。22年后果然言中，兰德公司，神了。

附：研究报告（删18个表格）

进步与差距：
中国改革开放十年来的经济成就与国际比较

（1988年11月）

1988年，中国实行改革开放的方针已经整整十年。这十年我们的经济发展状况如何？自己与自己比，成绩卓著，世人共知。那么，放眼看世界，与其他国家相比，我们又干得怎么样呢？这里打算通过数字和事实，作一些国际比较，借此说明1978年以来我国经济建设方面的成就与差距。

一、关于国际经济比较方法

进行国际经济比较，目前主要是比GNP（国民生产总值），因为GNP是一个国家一定时期内生产的产品和劳务的价值总和，综合反映了一个国家的经济实力。由于各国币制不同，在进行GNP比较时，传统的方法是用汇率将本币折算成美元。但是，汇率并不是固定不变的，经常在浮动，这种浮动受国际金融市场对不同货币需求的影响，并不完全真实地反映各种货币的实际购买力。因此，在进行国际比较时，难免会出现误差。例如，按1980年可比价格算，1978年我国GNP为3741亿元，1987年为8421.5亿元，增长了1.23倍。但是，如果分别按当年汇率折算成美元，

1987年GNP反而比1978年下降了10%，这显然是不真实的，扭曲了我国经济增长的客观实际。

在进行国际比较时，这种由于汇率的变化而引起的误差更大。1980—1986年，中国GNP年均增长9.2%，日本增长了3.7%，但是，由于日元升值，按美元折算，汇率从203日元比1美元上升到159.1日元比1美元；人民币贬值，汇率从1.49元比1美元调低到3.45元比1美元。GNP分别折算成美元后，便出现了下述情况：1980年中国GNP是日本的1/4，1985年成了1/5，1986年成了1/6。据此得出中国与日本差距迅速拉大的结论，那就忽略了双方汇率变化带来的不可比性。诚然，汇率变化在一定程度上反映了一个国家的经济发展水平，但据此来说明中国与日本的差距在最近五六年内就拉得那么大，显然难以令人信服。

正因为汇率折算成美元进行国际比较时的缺陷，联合国从1960年代以后逐步试行购买力平价的办法，就是测算若干种有代表性的同等规格、数量的商品和劳务的实际支出本币GNP，得出以国际元为计算单位的GNP。测算购买力平价是一项十分复杂的系统工程，有151类500种商品，要有与之配套的统计体系与分类标准，我国目前还不适应这些要求。但是，据美国兰德公司用购买力平价方法对中国经济总量的分析，现在中国人均GNP大大超过310美元，已经达到颇为可观的数字，按年均增长4.6%估算，到2010年，中国GNP将超过日本而跃居世界第二，仅次于美国。以基辛格、温伯格等13名权威人士组成的美国战略委员会不久前提出的一份报告中，对此种结论表示了极大的兴趣。然而，这种估测可靠程度究竟如何？大多数中国问题专家都认为这一估计"太乐观",我国一位领导人则称兰德公司的预测是对中国经济总量"善意的夸大"。

综上所述,我们可否得出以下初步看法:(1)如何科学地进行国际经济比较,这是一个尚待解决的难题,无论是现行的汇率折算方法,还是试行的购买力平价方法,都有一定的局限性;(2)经济状况是由诸多因素组成的紧密关联的复杂变量,仅用一个或几个指标来进行比较,容易得出片面性的结论,必须进行多方位、多层次、多指标的综合比较,才能得出比较符合实际的结论。

二、增长速度和经济效益的比较

虽然一个国家的发展速度并不是越快越好,因为低效益往往是过高速度的伴生物,但是就目前来说,以增长率来衡量一个国家的经济发展状况还是行之有效的途径,中国要缩小国际差距,持续保持较高的增长率是必要的。我们首先从GNP、GDP以及农业、工业、服务业等方面来进行比较。

从1980年到1986年,中国国民生产总值增长率大大高于同期世界平均水平,也高于发展中国家和西方工业国家。根据世界银行1987年世界发展报告,1980—1985年在统计的119个国家和地区中,中国国内生产总值增长率位居第二,仅次于博茨瓦纳;农业增长率仅次于阿拉伯联合酋长国;工业增长率位居世界第五;服务业增长率位居第一;投资增长率位居第二;居民消费年增长7.7%,增长幅度位居第一。

总的来看,我们的经济增长有以下特点:一是发展速度持续稳定,没有出现大起大落;二是重大比例关系趋于协调,产业结构逐步调整，农业、工业、服务业全面发展，宏观效益有所改善；三是社会经济活力特别是企业活力有所增加。可以这么认为，十一届三中全会以来十年间，我们的发展速度还是比较实在的。

从经济效益来看，中国近年来有很大提高。1986年与1978年相比，能源产值率提高41%，劳动生产率提高57.6%。但是，即使如此，这两项指标与世界平均水平相比仍有较大差距。1986年中国能源产值率不仅低于韩国，而且只及印度的56%，相当于世界水平的43%；劳动生产率略高于印度，只有世界水平的16%，美国的3.5%，日本的4%，韩国的17%。从这个角度看，中国近年来的增长速度在很大程度上是靠资金、资源的高投入取得的，在提高经济效益特别是提高企业经济效益方面，还需更加努力。

三、经济实力的比较

比较主要工农业产品产量，可以排除价格不可比因素，客观反映一个国家的经济实力与发展水平。我们对谷物、棉花、肉类、钢、原煤、原油、发电量等主要工农业产品的生产情况作一些分析比较。

1987年，中国谷物产量比1978年增加9887万吨，这个数字相当于同期世界谷物增加总量的51.8%。1978年，中国谷物产量比美国少4.1%，1987年比美国多30.7%。1978年，中国谷物产量占世界总产量的16.79%，人均产量是世界人均水平的75.34%，到1987年，这两个数字分别上升到20.56%和96%。也就是说，目前我国的谷物人均产量已经基本达到世界人均水平。

1987年与1978年相比，世界棉花产量增长了27.6%，而我国的棉花产量几乎翻了一番，占世界总量的比重从16.76%上升到25.71%，人均产量已超过世界人均水平18%。世界猪、羊、牛肉产量增长14.9%，中国增长了132%，占世界总量的比重从8.15%上升到16.46%，相当于美国、日本产量的和，人均量增加了1倍多，已经超过日本、韩国。

1987年与1978年相比，世界钢产量增长了3.6%，美国、日本、加拿大、韩国产量下降，产业结构开始调整。中国同期钢产量增长了77.1%，人均量增长了60%，接近世界人均水平的40%。同期世界原煤产量增加近50%，中国在6.18亿吨的基础上保持了同步增长，总产量9.28亿吨，人均865公斤，接近世界人均水平，高于日本的107公斤、印度的241公斤、巴西的55公斤、韩国的555公斤。1987年，全球原油产量增长近50%，中国增长28.9%；全球发电量增长29%，中国增长93.8%。我国尽管原油、发电量增长很快，但在世界总量中份额偏低，1987年分别占4.66%与5.22%，人均发电量只及世界平均水平的23.7%。

运输业的发展，从一个侧面反映了该国的经济发展状况，也是保障国民经济持续增长的必要条件。1987年，我国各种运输工具完成的货物周转量，比1978年增长了1.26倍，旅客周转量增长2.4倍，沿海主要港口货物吞吐量增长84.6%。但是，从总体上看，我国在运输方面与其他国家相比有很大的差距。与美国相比，铁路货运周转量不到其2/3，海运装卸货量不到其1/5，航空客运、货运量只及其2.44%、3.65%。新加坡人口不到中国的0.25%，海运装货量是中国的2/3，卸货量占85.3%，航空客运量是中国的 1.85 倍，货运量为 2.43 倍。中国运输业的落后状况，与经济发展要求显然是极不适应的。

四、国际贸易情况的比较

一个国家的进出口贸易状况如何，既反映了该国参与国际经济交流的程度，也反映了该国的经济发展水平。改革开放十年来，我国在吸引和利用外资、对外承包工程和劳务合作、发展国际旅游、进出口贸易等方面都取得了突破性进展。

1978—1987 年，我国进出口总额增长 300%，不仅远远高于世界平均增长速度，也高于处于起飞时期的四小龙之一的韩国。尽管进出口总额占世界比重甚小，但居世界位次迅速前移，出口额从第 32 位前移至第 14 位，进口额从第 27 位前移到第 11 位，进出口总额从第 28 位前移到第 12 位。1987 年，中国进出口总额占国民生产总值的 25%，印度、巴西在 15% 左右，美国、日本为 20%，韩国、加拿大超过 60%，说明中国经济国际化程度明显提高。

五、科技教育事业的比较

科技教育事业发展情况，反映了一个国家的经济发展后劲，因此，在进行国际经济比较时，必须分析科技教育状况。由于缺乏统一的数据和资料，我们主要比较中国与印度、巴西、美国、日本的科技教育情况，美国、日本代表了最发达国家，巴西、印度是世界上引人注目的发展中大国，与中国地理环境不同，社会制度不同，发展道路也不同。

首先，我们从人力和经费两个方面，看一下五个国家的科技投入情况。印度显然拥有大于中国、巴西的科学家、工程师人员队伍。据最新统计资料，1987年我国科技总人数达到889万人，与巴西的科学家、工程师人数不相上下。但从百万人口拥有的科学家、工程师人数来看，巴西遥遥领先，已接近美国的指标，是印度的3倍多，而印度又是中国的3倍多。中国科技经费支出总额在发展中国中独占鳌头。国家财政支出科技经费从1978年的52.9亿元增加到1987年的112.8亿元。据1985年普查，政府部门研究机构当年支出70.9亿元，教育部门用于研究与发展5.18亿元，企业投入技术开发经费53.24亿元，占1985年GNP的1.6%。

就科技经费总额而言，中国显然要领先于印度与巴西，是他们的两倍多，并且占GNP的比重也超过印度、巴西，中国达1.65%，而印度与巴西仅1%。从人均科技经费角度看，巴西居首，中国、印度次之，三国均在10美元以内，不及发达国家一个零头。中国科技经费投入只有美国的4.6%，日本的14.7%。

我们再分析科技产出情况，从文献计量、技术出口等指标来比较科技生产率。印度科学论文在国际学术界的地位高于中国和巴西。据统计，印度1978—1980年在国际期刊上发表的论文数量是中国的14倍，巴西的8.5倍。但是，近年来中国的论文数量增长迅速，目前中国有SCI发表的论文数已经超过巴西，相当于印度的40%，1985—1986年相对增长率24%。1986年，中国在ISTR上的论文总数首次超过印度，由1985年的第19位跃居第14位，印度居第16位，巴西居第28位。但是，三国论文实际引用率都不高，巴西为1.33，印度为0.8，中国只有0.43，远低于美国的3.70和日本的2.53，这说明三国发表的论文质量较低。

技术出口直接反映了一个国家的技术竞争力。比较中国与印度、巴西的技术出口，因为缺乏统一的数据，很难断定其规模孰大孰小。1987年中国技术出口创汇1.62亿元，超过1979—1986年技术出口额总和，比1986年增长6倍。值得一提的是，中国一些先进技术已开始在国际上具有一定的竞争力，如中国为法国提供往返式卫星搭载服务，与21个国家、4个国际组织的40家公司进行洽谈，签订了8颗卫星发射订座协议和2颗卫星发射服务合同。从总体上看，中国技术出口刚刚起步，其规模可能比印度、巴西小一些，大致相当于巴西1980年代初的水平。

现在我们来分析一下科技事业的后备力量即高等教育的情况。1987年，我国普通高等学校在校生比1978年增长1.3倍，10年累计高等学校本科、专科毕业生269.2万人，成人高校毕业生445.1万人，毕业研究生8.2万人。但是，尽管如此，与印度、巴西两个发展中大国相比，我们现在的高等教育事业还是比较落后的。中国有较多的高校老师，1987年在校生总数相当于巴西1982年的规模，而印度在校生总数超过中国和巴西1倍。从毛入学率来看，中国更低，只有1%，而印度和巴西分别是9%和11%，日本30%，美国66%。

十年来，在国家财政比较紧张的情况下，我国教育经费逐年增长，1987年比1978年增长了2.4倍，年均增长14.7%，超过财政收入增长幅度。就教育经费占GNP的比例看，中国明显偏低，只有2.07%，印度3.2%，巴西3.3%，日本5.7%，美国6.7%，加拿大7.4%.

六、几点结论

综合上述比较结果,我们是否可以得出以下结论:

(一)改革开放十年来,中国与国际的经济差距总体上看明显缩小,我们有理由为此而自豪。主要依据:(1)经济增长速度高于世界平均水平和发达国家,从而使中国与他们的总量差距相对缩小;(2)经济实力显著增强,主要工农业产品居世界位次前移,占世界份额上升,尽管人均水平不高,但总体实力增加,提高了中国在国际上的经济地位和经济影响;(3)主要农产品、原煤人均量接近世界人均水平;(4)对外贸易发展迅速,提高了中国对世界经济的参与程度。我们有理由这样认为,自己与自己比,十年改革开放成就卓著,与其他国家比,我们的成就也毫不逊色。我们决不能因为目前改革中出现一些问题而否认改革十年来的巨大成就,也不能因为现在依然存在的国际差距而看不到十年来在缩短这种差距的努力中取得的巨大进步,更不能妄自菲薄,悲观失望是没有根据的。

(二)现在中国与国际的经济差距还严重存在,我们切不可因十年成绩巨大而有丝毫懈怠。这些差距主要表现在:(1)经济效益差,从某种程度上看,我们的发展速度是靠拼投资、拼资源、拼设施取得的,这种状况难以持久;(2)能源、运输、邮电等基础建设依然是薄弱环节;(3)科技教育是立国之本,我国从经费投入到人才数量、素质都有很大差距。这三方面差距直接关系到我们的经济发展有没有后劲。我们决不能只强调我们努力和追赶的速度而否认这些差距的严重存在,也不能只强调发展成就而看不到这些问题对经济发展带来的严重影响。

（三）十年改革开放的实践告诉我们，中国有能力逐步缩短国际经济差距，对此我们充满自信。但是，我们的国际差距特别是与发达国家之间的发展差距是由数百年的历史造成的，缩短这种差距也需要一个历史过程，企图通过十年八年的改革建设就全面赶上发达国家，这是不可能的，切莫急于求成和期望过高。如何缩短这种差距，目前的关键不在速度，而在于提高经济效益，加快发展科学技术和教育事业。只有这样，才能保持和增强发展后劲，为达到世界发达国家水平打下良好的基础。

重实证研究　为开放助力

——从对外商投资企业的调研说起

1978年党的十一届三中全会以后，我国从闭关自守走向对外开放，外资经济逐步发展起来，引进发达国家资金、先进技术及管理经验，对于加快我们的改革发展，无疑具有战略意义。然而，对外开放之初，不少人对近代中国饱受列强欺凌的惨痛历史记忆犹新，对中央发展外资经济的方针不理解不接受，有人担心经济特区成为旧中国的"租界"，有人视利用外资为丧权辱国，有人害怕"三资"企业对民族经济构成威胁。

1984年5月，中央决定开放十四个沿海港口城市，进一步扩大权限，积极吸引外资，加快沿海地区发展，辐射带动内地经济。当年8月，我随外经贸部、进出口委到福建调查，了解引进外资工作中的政策性问题，这是我第一次接触外资经济。福建是我国主要侨乡之一，海外华侨600多万人，资金实力雄厚，引进外资潜力很大，正处于起步阶段。至1984年6月底，福建累计批准设立中外合资企业46家，投资总额1.67亿美元，其中外商投资5724万美元，占34.1%。外商合作者主要是港澳同胞、海外侨胞，中小项目为主，取得了积极的效果。

我们在调查中了解到，福建的合资企业步履艰难，经营效益不好。1983年10月前投资建成的18个项目中，生产效益好、逐步走向正常的8个，经营一般、效益不好的6个，终止合同或即将终止合同的4个。合资企业效益不好，一是产品销售问题，合资企业没有外销权，产品由外贸部门收购，换汇成本高，出口就是亏损，内销外汇无法平衡，超过地方承受能力；二是原材料供应问题，计划内的难以保证，计划外的成本太高；三是社会服务问题，企业既当爹又当妈，样样都要管，外资企业无法适应。

引进外资工作中出现的问题，实际上是计划经济与市场经济尖锐矛盾的反映。外资企业原料产品两头在外，与国际市场联系紧密，市场机制是其生产经营的基础。在计划经济占主导地位的条件下，如何发展以市场机制为基础的外资企业？究竟让外资企业来适应我们的体制，还是对我们的体制进行改革以促进外资企业的发展？这是福建调查引发的思考。我在调查报告中谈到了这些问题，提出要进一步解放思想，在若干改革方面有大的突破，要放而不是统，要活而不是死，前提是计划经济为主导。限于当时的认识水平，我不可能提出更加激进的对策。

对外开放步步深入，质疑争辩持续不断。1988年4月海南建省，成为中国最大的经济特区。海南省首任领导雄心勃勃，参考国际商业惯例，提出引进外资成片开发，设立洋浦经济开发区的大胆设想。消息一经传出，有人慷慨激昂，将洋浦开发模式与当年割让香港相提并论，一时间酿成"洋浦"风波。1991年，对深圳不利的消息越来越多，社会压力越来越大，争论的焦点，是深圳到底姓"社"还是姓"资"，是特区还是特权，有人认为深圳除了红旗是红的，都变颜色了，提出要关掉经济特区。

1992年初，邓小平视察南方，在深圳一锤定音：特区姓"社"不姓"资"，深圳的重要经验就是敢闯。东方风来满眼春。邓小平南方重要讲话，解决了改革开放几个关键问题，消除了人们对改革开放的疑虑，为坚定不移走改革开放之路奠定了坚实基础。

1993年，单位组织所有制结构研究，包括公有制经济、非公有制经济，我承担外资经济分课题。开展这项研究，不是实地调查，而是实证分析，不是探讨理论，而是分析企业，引用国家工商局[①]、统计局、外经贸部[②]大量数据，多角度分析现状，摸清情况，找出问题，预测发展趋向，提出工作建议，为扩大开放助力。

先进行总量分析。1980年5月1日，首家中外合资企业登记注册。至1992年底，全国登记注册外资企业8.4万户，已经投产运营3.4万户，占注册外企的40.6%；外资企业注册资金1159.9亿美元，其中外商投资686.7亿美元，占59.2%。1992年，外商直接投资110亿美元，超过当年对外借款金额，外企进口额占全国进口总额1/5，出口增加额占全国出口增加额2/5，涉外税收收入超过100亿元，在促进经济发展和推动体制改革中发挥了不可替代的作用。

再分析发展轨迹。1980年到1992年，外资企业发展先后出现三个高潮，与国内经济增长、社会政治环境时间上高度吻

[①] 国家工商局为现国家市场监督管理总局。
[②] 外经贸部为现国家商务部。

合。这种情况表明，做好引进外资工作，改善基础设施条件、提供优惠政策固然重要，但最根本的，是加快改革开放力度，保持国民经济持续快速增长，提供更好的企业经营环境，这是吸引更多外资、增加外商信心的基础，而更大规模地吸纳国外资金，又将促进国民经济健康成长，为深化改革、扩大开放创造新的社会条件。

然后进行投资结构分析。在国民经济12大类行业中，外资企业主要集中于工业领域，企业户数、投资金额分别占81.4%与65.4%，农业、交通运输业外商投资不多，房地产业成新的投资热点。在工业领域中，外资企业主要集中于一般加工业与劳动密集型行业，这是国外产业结构调整升级的结果，也出于利用中国劳务成本优势、抢占部分中国市场的需要。

从外资企业规模看，总体上中小企业为主。1990年，全国外资项目户均规模88.1万美元；在国民经济12大类行业中，7个行业户均规模低于60万美元；在外资企业户数和外资金额前10名的省市中，4个省市户均规模低于60万美元。分析认为，国际财团或跨国公司尚处于"投石问路"阶段，还没有大批进入，国内正处于摸索试验、积累经验阶段，对外合作以中小企业、中小项目为主。随着对外开放的不断扩展，投资环境的改善，外商投资的大中型项目将越来越多。

分析外资企业的地区分布，可以看出区位优势与政策效应。全国外资企业户数与外资金额，东部地区分别占78.4%与79.6%，东部地区又主要集中于珠江三角洲、苏南地区、闽东南三角地区，浦东开发区与胶东半岛。这些地区经济基础较好，交通相对发达，对外开放较早，中央有序开放的战略决策发挥了先导作用。

1992年底全国注册外资金额中，超过10亿美元的国家和地区有6个，中国香港475亿美元，占全部外资金额的72.4%，其后依次是中国台湾、美国、日本、中国澳门、新加坡，英国、法国、意大利、澳大利亚等国家和地区直接投资长期徘徊。这种情况表明，加强外资工作，突出三项重点：一是实现香港、澳门平稳过渡回归祖国，加强海峡两岸互通关系，巩固引进外资基本盘；二是慎重处理中日、中美大国关系，扩大引进外资战略面；三是加强西欧发达国家的经贸联系，逐步实现外资来源多元化。

实证分析是调查研究的重要方法之一。第一步，确定分析对象。不是对某种理论、判断或假设进行论证，而是对某种经济现象、社会现象进行分析，弄清"是什么"，分析"为什么"。第二步，搜集案例与数据。案例尽可能是自己采集的第一手资料，注重数据的完整性、准确性与权威性，案例与数据越客观真实，实证研究的可靠性也越高。第三步，分析归纳，提出"怎么办"。既要静态分析，也要动态分析，任何事物总是发展变化的，注重研究新情况新问题。既要定量分析，也要定性分析，不是对某种现象或某项工作作出主观评价，而是在定量分析的基础上得出客观结论。既要分析总量，也要分析结构，从构成分析中把握事物的不同特点与变化趋势。既要分析事物的现象，也要分析现象背后的原因，分析不同现象之间的内在联系。

我对外资企业的实证分析，大体上就是按照上述思路展开的，得出以下结论：我国外资企业仍处于初步发展阶段，随着改革开放的深入，外资经济将继续稳步发展；进一步改善引进外资环境，既要改善交通运输、邮电通信、能源供给等硬环境，也要改善政策法规、行政服务、体制机制等软环境；实行有区别的倾斜政策，鼓励外商投资于基础设施、基础产业和高新技术项目，控制外资房地产业过快发展。

附：研究报告（删统计表）

我国外商投资企业的实证分析

（1993年8月）

从总体上看，目前我国外资企业仍处于初步发展阶段。主要表现在：第一，外商直接投资数量相对不足。1980—1992年，实际利用外资累计311.5亿美元，占同期全社会固定资产投资总额的5%左右。第二，投资结构不合理，项目规模小型化。第三，发展不平衡。80%的外资企业集中于东部沿海地区，80%的外资来源于香港、台湾、澳门。本文从我国外资企业总量、结构、规模、地区分布和外资来源地等方面，对这些问题做初步的分析。

一、总量及发展因素分析

（一）外资企业迅速发展，对经济建设和体制改革起到了积极的促进作用

1980年5月1日，首家中外合资企业登记注册，揭开了我国发展外资企业的序幕。据国家工商局[①]统计，到1992年底，登记注册的外资企业共有84373户，占全国工商法人总数的3%；外资企业投资总额1784.6亿美元，注册资金1159.9亿美元，其

---

① 国家工商局为现国家市场监督管理总局。

中外资 686.7 亿美元；已投产运营 34288 户，占注册外资企业的 40.6%。

外资企业的迅速发展，对我国经济建设和体制改革发挥了积极作用：(1) 一定程度上弥补了国内资金的不足。外商直接投资占全社会固定资产的比重，"六五"期间在 4% 左右，"七五"以后上升到 6% 左右，1992 年为 110 亿美元，超过当年对外借款金额。(2) 带进了先进技术、经营方式、管理经验和竞争机制，改造了一批老企业，增加了企业活力，促进了市场竞争和企业改革。(3) 扩大出口，增加外汇。据海关统计，1992 年外资企业进出口额 437.5 亿美元，其中进口额占全国进口总额的 20.4%，出口增加值占全国出口增加值的四成；电视机、收录机、电话机、照相机等 14 种机电产品出口超过 1 亿美元，出口额占全国同类产品的 40% 以上。(4) 丰富了国内市场，增加了国家税收。1992 年外资企业涉外税收收入 106.7 亿元，其中工商统一税 83.3 亿元，相当于全国产品税、增值税、营业税的 4.1%。

(二) 外资企业中合资企业占最大比重

在登记注册的外资企业中，合资企业户数、注册资本、外方出资、从业人员比重分别为 66.2%、65.6%、50.8% 和 66.7%。1985 年以来，外资企业经济类型构成经过了一个发展变化的过程：合资企业比重稳步上升，合作企业比重逐步下降，独资企业比重迅速上升。主要原因：(1) 合资双方共同投资、共担风险，中方通过"嫁接"改造老企业，外商利用原有厂房设备、管理基础、购销渠道、主管关系等，降低投资成本，打开国内市场。(2) 合作企业虽有发展，但比重降低，主要是契约式投资不涉及股权，在协议及合同、利润分配等问题上，双方难以达成一致意见，也因为合作企业合作期满时，全部固定资产归中国合作者所有，影响外商投资合作企业的积极性。(3)独资企业比重迅速上升，因为独资企业没有主管部门行政干预，有充分的经营自主权。办理独资企业的手续也相对简单。在坚持和完善利用外资政策的情况下，今后独资企业比重还会上升。

（三）外资企业的发展，与国民经济和全社会固定资产投资的增长成正相关

十多年来，我国外资企业发展先后出现过三次高潮：1985年是第一次高潮，新签外资协议项目3073个，相当于前五年的总和，协议金额59.3亿美元，是1980年代最高的年份；1988年是第二次高潮，全年新增外资企业5945个，全国外资企业总数达到15997户；1992年利用外资工作跨上新台阶，当年新签外资协议项目48575个，协议金额580.8亿美元，超过前13年的总和。

外资企业发展的三次高潮，都是在以下经济背景下形成的：(1)全社会固定资产投资增长速度连年加快，且达到最高点，1985年、1988年、1992年分别达到38.8%、23.5%和37.6%；(2)国民生产总值持续高速增长，且超过10%；(3)整个国民经济处于经济周期的高峰。外资企业的发展，与社会政治环境也有较高的关联度。1984年10月中共中央发布《关于经济体制改革的决定》，1987年召开中共十三大，1992年初邓小平同志发表南方重要讲话，10月召开十四大，随之而来的便是1985年、1988年和1992年外资企业的大发展。而在国民经济出现波动、社会不稳定因素增加的情况下，外资企业发展的步伐就会放慢。这表明，加快外

资企业发展，改善交通、通信、能源、原材料、政策法规等投资环境固然重要，但是最根本的，是要加快改革开放步伐，保持国民经济的持续高速增长和社会政治环境的稳定，这是吸引更多外贸、增强外商信心的基础；而大规模地吸纳国外资金，增加固定资产投资，又将促进国民经济的持续高涨和社会稳定，为深化改革、扩大开放创造新的物质条件。

二、投资结构分析

（一）外资企业主要集中于工业领域

在国民经济12个大行业中，外资企业户数、投资金额占首位的是工业，分别占81.4%和65.4%，其次是房地产业、公共事业，企业户数和外资金额分别占8.2%和24%，国民经济发展迫切需要的农业、交通运输、科研及技术服务业外资企业比重较小，3个行业加起来仅占4.4%。

（二）在工业领域中，外资企业主要集中于一般加工工业和劳动密集型产业

在工业领域40个分类行业中，煤炭、石油及天然气、黑色及有色金属矿、建材及非金属矿等8个能源、原材料采选行业，仅有外资企业646个，外资总额5.55亿美元，分别占工业领域外资企业户数和金额的0.9%和1.2%。有14个分类行业外资金额超过10亿美元，绝大部分是一般性加工业和劳动密集型行业，缝纫业位居榜首，企业户数11171户，占外资企业工业企业总数的16.3%，外资金额52.2亿美元，占工业企业外资额的11.6%。居于第二至第五位的依次是电子及通信设备制造业、纺织业、塑料制品业和食品制造业。

（三）房地产业是近年来外商投资热点

外商在房地产、公共事业、咨询服务业的投资行为值得重视。1991年，这个行业中的外资企业仅2038户，占外企总数的5.5%，外资金额42.7亿美元，占注册外资金额的16.6%。1992年，房地产外资企业增加4902户，外资注册资金增加119.5亿美元，占当年新增外资注册资金总额的29.5%。截至1992年底，房地产外资企业累计6908户，占外资企业总数的8.2%，外资注册资金164.8亿美元，占外资注册资金总额的24%，企业户数和外资比重分别比上年提高了2.7和7.4个百分点。外资房地产业在我国迅速崛起的主要原因：房地产开发融资方式灵活；城市规划、旧城改造、土地成片综合开发等提供了房地产市场；地方互相攀比，竞相扩大优惠政策，房地产业预期效益好，利润率高。

（四）影响外商投资结构的主要因素

从外商看，将一般性加工工业逐步转移到中国，可利用中国劳务价格低廉的优势，增加国际竞争力，还能够抢占和利用中国部分国内市场，投资少，风险小，见效快，效益好。兴办能源、原材料、基础设施等项目，投资规模大，回收期长，加上价格因素，投资利润率相对较低，风险较大。至于高新技术项目，外商更是不愿轻易转让，避免培养潜在的竞争对手。从我方看，主要是产业政策贯彻不力，一些地方利用外资重数量，轻质量，盲目性较大。目前这种外资结构，在一定程度上提高了国内加工业的技术水平、产品的技术档次，促进了加工业的改组和提高，有利于满足国内市场需求和增加初加工制成品出口。但一般性加工项目过多，给国内产业结构调整设置了新的障碍，不利于产业结构优化。

三、企业规模及相关因素分析

（一）投资规模小型化

根据国家统计局提供的数据，从1985年—1990年，协议外资项目规模连年大幅度下降，1990年平均规模88.1万美元，不到1985年的一半。1991年和1992年项目平均规模略有回升，但仍然没有恢复到1987年以前的水平。由于外资企业达到一定规模才可享受进口汽车及有关设备的免税优惠，加上申报政绩的原因，地方在签订协议时往往高报投资总额及外资金额，企业实际投入的外资比协议资金要少得多。有关部门统计，1987—1992年，外资实际到位率分别为：62.3%、60.3%、60.5%、51.7%、34.3%与19.0%，逐年下降，既有投资速度减慢的因素，也有虚报协议外资额的因素。

（二）外资规模的行业差别

分行业看，地质业、科研及技术服务和卫生体育事业外资规模较小，金融保险业、房地产业规模较大。在农业、工业和建筑业中，外资企业占总户数的85.8%，外资金额占外资总额的10.5%，户均规模65万美元左右。房地产、公共事业、金融保险业、交通运输业、邮电通信业和其他行业中，共有外资企业8493户，占总户数的10.1%，户均规模超过100万美元。外资企业规模的行业差别，从一个侧面反映了外商投资重点和行业发展的不同特点。

（三）外资规模的地区差别

在外资企业户数和外资金额占全国前10名的省市中，海南、广东和上海户均规模接近或超过100万美元，浙江、江苏、北京和山东户均外资规模在60万美元以下。广东、海南外资规模较大，主要是开放早，特区政策优惠，吸引力强，建成和发展了一批大中型项目。上海虽然开放较晚，但经济实力雄厚，加上浦东开发区的龙头作用，外资企业起点比较高。浙江、江苏、山东等省市，外资企业大部分是近几年才发展起来的，与外商合作的主体是中小型企业和乡镇企业，大中型项目不多，所以外资户均规模较小。

在来华投资的主要国家和地区中，中国香港外资企业规模略高于平均水平，韩国、澳大利亚、中国台湾平均规模55万—65万美元，超过或接近100万美元的有日本、新加坡、泰国、英国、德国和法国。

（四）外资规模小型化的原因与趋向

外资规模小型化，主要是因为：（1）合资企业在外资企业中的比重越来越大；（2）对外开放的区域越来越广，中小企业逐渐成为外商投资合作的主要对象；（3）外资企业以劳动密集型行业为主，投资规模相对小些；（4）外资主要来源于香港、台湾、澳门及海外华侨，大多是中小企业家或商人，个人资本有限，而资本雄厚的华人财团或西方发达国家的跨国公司，尚处于"投石问路"阶段，没有大批进入。在对外开放起步阶段，外资企业以中小企业为主体，有利于积累管理经验，培养外经人才，沟通国际贸易渠道，为大规模走向国际市场打下基础。不利之处在于难以引进先进技术设备，产品档次不高，国际竞争力弱，给宏观管理也带来一定难度。看起来，目前外资企业小型化带有一定的必然性和阶段性，这种格局还会延续一段时间。随着对外开放的不断扩展，现有外资企业中的一部分将会在竞争中发展壮大，跨国公司来华投资会逐步增加，国内发展外资企业求规模上效益的意识不断增强，加上投资环境的改善，外商投资的大型项目会越来越多，从而使外资企业户均规模不断提高，这种迹象在广东、海南已初见端倪。显然，加强政策引导和行政指导，在提高外资企业规模的过程中，将起到重要的促进作用。

四、地区分布和外资来源分析

（一）外资企业主要分布在东南沿海开放地区

外资企业在全国发展很不平衡。从企业数量和外资金额来看，东部地区分别占总数的78.4%和79.7%，中部地区占17%和16%，西部地区占4.6%和4.3%。在东部地区，外资企业又集中分布在广东、江苏、福建、上海和山东5省市。据统计，1992年末，上述5省市共有外资企业51979户，占全国总户数的61.6%，外资金额468.1亿美元，占外资总额的68.2%。广东省利用外资成就最为显著，外资企业户数和外资金额分别占全国的37.7%和43.9%。在上述5省市中，外资企业又主要集中在珠江三角洲、苏南地区、闽东南地区、浦东开发区和胶东半岛。这些地区的主要特点：对外开放起步早；经济基础好；地理环境有优势，交通相对发达，有铁路和对外港口；中心城市或经济特区的吸引和辐射。1992年，沿江、沿线（铁路）、沿边地区相继扩大对外开放，中西部地区发展外资企业有新的突破，外资企业呈现从东部地区向中西部地区渐次推移的好势头。

（二）外资主要来源于中国香港、台湾、澳门

到1992年底，注册外资金额超过10亿美元的国家和地区有

6个：中国香港，475亿美元，占全部外资金额的72.4%；中国台湾，64.1亿美元；美国，37.1亿美元；日本，33.2亿美元；中国澳门，18.5亿美元；新加坡，14.8亿美元。来自中国香港、台湾、澳门的外资企业户数和外资金额均占总数的80%多，来自美国、日本和新加坡的外资企业户数和金额占12%左右。上述地区和国家累计，外资企业户数占总数的98.1%，外资金额占总数的97.9%。来自英国、法国、德国、意大利、加拿大和澳大利亚6个国家的外资企业户数、外资金额，仅占总数的1.9%和2.1%。在1987年以前，美国直接投资高于日本，仅次于港澳；1988年开始，日本直接投资超过美国；1991年起，中国台湾直接投资超过美国，仅次于港澳、日本；近年来德国直接投资有一定增长，英国、法国、意大利、澳大利亚等直投投资长期徘徊。

看来，目前外资主要来源于港台，其次是日本和美国，其他国家为补充，这种构成还将延续较长时期。因此，顺利实现香港和澳门的平稳过渡、回归祖国，扩大海峡两岸的互通关系，慎重处理中日、中美之间的关系，便成为进一步扩大对外开放，加快外资企业发展的重要前提。与此同时，要加强与西欧地区的经贸联系，争取更多的国家和地区来华投资，逐步实现外资来源多元化。

五、发展趋向及建议

（一）我国外资企业将继续稳步发展

吸引外商来华投资的主要因素是：改革开放的政策效应、经济高速增长、巨大的市场潜力、丰富的劳动力资源、外资企业的示范效应。今后一个时期，外商投资将呈以下特点：（1）外资企业户数、投资额继续稳定增长，企业形式仍以合资企业为主，外商直接投资使用额超过对外借款；（2）外资企业仍以工业为主，并逐步向基础设施、基础产业发展，但高新技术项目及资金密集型项目的发展仍将受到相当限制；（3）外资企业进出口有较快增长；（4）外资企业主要集中于沿海经济发达地区；（5）外资来源仍以台湾、香港为主，美国、日本、韩国和东南亚国家来华投资将稳步上升。

（二）解放思想，实事求是，加强对利用外资工作的领导

主要克服三种倾向：（1）克服对外商互相攀比、竞相扩大优惠政策的倾向。你优惠，我更优惠，大家都有一套优惠政策，肥水流入他人田，还使国有企业、乡镇企业处于更加不利的竞争地位。要把有效吸引外资的重点，放到改善投资环境上，而不是放扩大优惠政策上。（2）克服发展外资企业只讲数量不讲质量的倾向。一些地方以发展多少外资企业为政绩，项目规模小，档次低，可行性研究不够，效益差。要把发展外资企业同发挥当地优势结合起来，与当地的经济开发、发展战略结合起来，搞好项目研究，减少盲目性。（3）克服重复引进、食而不化的倾向。现在外资企业一般性加工项目重复建设严重，扩大了加工业闲置能力，不利于国内产业结构调整。一些先进设备、技术重复引进严重，浪费了大量外汇。要加强信息沟通和项目指导，在引进、消化、吸收、提高国外先进技术上下功夫，而不仅仅是简单的拿来。

（三）突出重点，加强对外商投资方向的引导

实行有区别的倾斜政策，对投资基础产业、基础设施和高新

技术方面的外资项目，在信贷、税收等方面给予优惠，特别是能源、交通项目，要进一步放宽政策。对于某些高新技术项目，特别是进口替代产品，适当放宽内销比例，以提高外商投资和追加投资的积极性。在东部沿海地区，适当控制一般加工工业发展，鼓励发展技术密集型企业和有国际竞争力的产品，提高外资企业档次。一些地方划出大批耕地低价出让或批租，发展外资房地产业，虽然带来一些眼前利益与暂时繁荣，但往往造成长期利益的损失与经济秩序的混乱，很可能得不偿失。日本1980年代泡沫经济的教训值得借鉴。要在加强管理的同时，控制外资房地产业过快发展。

（四）继续改善投资环境

进一步改善交通、运输、能源、邮电、通信等硬环境。与此同时，完善外资企业的有关法律法规，保护外资企业合法权益；简介开办外资企业的程序和环节，提高办事效率；加快改革步伐，建立市场经济运行机制，减少现行经济体制与外资企业经营的矛盾与摩擦。要加强利用外资的国际宣传，实事求是地宣传中国的经济成就和发展潜力，扩大对外资的吸引力。

（五）加强对外资企业的行政管理

主要是：（1）制订促进外商注册资金及时足额到位的法规，加强监督检查，切实改变目前外资不到位、中方承担经营风险的现象。（2）加强税收管理。一方面，国家规定外资企业所得税免交政策的统一标准，纠正各地自行其是的倾向；另一方面，要清理假合资，特别是清理那种外资比例极小或资金已经抽回，而享受外资企业优惠待遇的企业。加强财务监督与检查，防止企业虚亏实盈偷漏税，避免出现外资企业越办越多，国家税收增加很少的畸形现象。(3)加强对外资企业进出口的监督管理，既防止外资企业利用优惠政策，进口与生产经营无关的设备、原材料等，高价倒卖，从中牟利，又要防止外资企业产品不按合同比例外销，直接内销或出口转内销。(4)目前全国外资企业中方从业人员已超过1000万人，要在劳动条件、医疗保障、劳动保障、养老保障等方面维护中方从业人员合法权益的同时，按规定征收个人所得税，缓解社会分配不公现象。

大处着眼　小处着手　以学促研

——探亲期间的一次随机调研

党中央号召大兴调查研究，发扬优良传统，切实转变作风，显然不是只刮一阵风，而是不断深入、长期坚持，让调查研究蔚然成风，成为一种良好作风、社会风尚。

我与一位老同志交谈。1970年代，他在我的家乡当县主要领导，晚上开广播大会，经常听他做报告，充满激情，很有感染力。他问清我家哪个大队，接着就说，你们大队书记姓顾，个子不高，还有一个干部姓叶，你们大队的隔壁是光明大队。30年前的事，记得如此清楚，令我惊叹不已。这位老同志告诉我，当年县里只有一辆吉普车，全县农业生产大检查，一年好几次，干部都骑自行车，随时随地停下来，棉花、小麦、水稻，直接下田看，全县400多个生产大队，每个大队都去过，有的去过两三次。那个年代的农村干部，可是真正的接地气。

专题性调查很有必要，经常性调查更加重要。我们不是生活在真空，在工作生活中、社会交往中，总会碰到很多社会现象，要养成关心实际问题的习惯，细心体察现实生活中的新情况新事物新现象，脑子里装着问题，当个有心人，睁开眼睛看，竖着耳朵听，张开嘴巴问，开动脑子想，随时随地可以调查研究。多听、多看、多问、多想，爱学习，常分析，勤思考，听、看、问就是调查，分析、思考就是研究，经常性调研是专题性调研的基础。

1994年秋天，我回老家探亲，发现村里的年轻人包括不很年轻的童年伙伴，大多脱离农业，有的外出做工，有的企业上班，有的当个体户，只有中老年妇女在种承包田。长期以来，农村人多地少，农业生产率低下，农民生活贫困，人们一有机会就出走他乡，千方百计离开养不活自己的土地。公社化时期用尽种种办法，限制农民从乡下流向城镇，从农业流向非农产业，把农民禁锢在生产队，捆绑在土地上。农村人口流动特别是劳动力流动，既是农村改革的初始动因，也是农村改革的渐进结果。

我在农村生活20年，对上述情况感同身受，但村里劳动力流动这么快，范围这么广，却是超出预料。晚上我与哥哥一起，从东向西，一家一家排，谁谁谁出去了，什么时候走的，到哪里去了，怎么出去的，干什么去了，长期的还是临时的，大致收入如何，谁谁谁没有出去，在家干什么，为什么没出去，会不会出去。农村熟人社会，抬头不见低头见，全村30多户人家，这些情况很快就搞清，一次随机的、简单的微型调查。

大处着眼，小处着手，小题大做，这是调查研究的基本方法。我之所以对村里的农业劳动力流动感兴趣，出发点是农村改革发展大背景，这是"大处"。随机调查后，点上的情况有了，这是"小处"。如何把"小处"与"大处"联系起来，把个案与全局挂起钩来，把感性认识上升为理性认识，需要分析、学习、思考、研究。我们搞调查研究，搜集到许多资料，接收到许多信息，不能满足于"二传手"，材料抄抄就上报，而要消化吸收，深入探究，透过现象看本质。

我们的知识储备总是不充分的。面对村里劳动力流动的调查记录，如何分析，如何认识，如何展开，如何深入，我一时不得要领，无从下手。于是找书看，看社会学著作，看文章文献，找理论武器，学分析方法，带着问题学，边学习边思考，不能说豁然开朗，却是打开了思路，逐渐有了办法，正应了孔子那句话："学而不思则罔，思而不学则殆。"

分析好，大有益。所谓分析，首先是"分"类，把一件事情、一种现象、一堆问题、一堆数据，分解成若干类型、若干部分、若干层次，复杂问题具体化，便于比较，便于研究。其次是"析"理，找出各个部分的本质属性，探寻其背后的原因、各自的特点、彼此的关系、历史的沿革。第三是提炼，在深入分析的基础上，归纳概括，逻辑推断，作出结论，形成观点。

我对界岸村农民职业流动的分析研究，围绕以下思路层层展开：

（一）职业流动的基本特点。对改革开放15年来界岸村农民的职业构成进行动态分析，职业构成就是分类。在此基础上，从职业流向、时间段、流动机制、文化关联度、结构性流动与地域性流动等五个方面，归纳职业流动的主要特点。流动机制主要是透过亲缘业缘关系，分析民间传统资源在劳动力转移中的特殊作用，这是社会生活中另一只"看不见的手"，在职业分流、阶层分化中发挥自组织作用。

（二）职业流动的动因和背景。短短十几年间，界岸村农民职业结构发生如此深刻的变化，基本动因是长期以来业已形成的城乡之间、工农之间的巨大差异，农民渴望通过职业流动改善自己的经济地位社会地位；而改革开放以后封闭半封闭体制逐步打破，城乡人口流动制度和政策的调整，为农民的职业流动创造了必不可少的客观条件。

（三）阶层的形成与各阶层的基本特征。从职业类型出发，提出界岸村已经形成农业劳动者、个体劳动者、企业职工和管理者四个阶层，具有各自不同的经济利益、社会地位、生产方式和价值观念。农业劳动者：经济收入水平低下，传统观念较强，对自己的职业和生活相当不满又无能为力。个体劳动者：经济得到实惠，生活比较富裕，兼有传统农民与城市居民生活方式，与农村若即若离，与城市又难以完全融合。企业职工：经济上中等水平，政治上比较开放，初步具有现代意识和价值观，对发展前景充满向往，正在发展壮大。管理者：政治参与意识强，经济上相对富足，维持较高生活水平，对个人职业整体上相对满意。

（四）不同时期阶层关系的比较。公社化时期，农民拥挤在窄小的土地上，阶层堵塞，城乡封闭，想改变社会地位而不得，只好"窝里斗"。改革开放以后，增加了农民改变社会地位的机会，职业分流拉开了空间距离，经济收入主要取决于个人能力，阶层之间直接利益冲突减少，农村社会关系趋于和谐。

（五）阶层结构及变迁。从经济、政治、职业、文化与自我满意度五个方面，对界岸村农民各个阶层不同时期的社会地位进行评价，总体上看，各阶层社会地位层级次序没变，但阶层分化明显，层次更加清晰，中间阶层比重加大，农民整体地位有所提高。

（六）阶层分化趋向。估测2000年界岸村各阶层结构比重，认为大规模结构调整不再重现，但阶层内部将出现新的分化，分析个体劳动者、企业职工、农业劳动者阶层分化走向。

（七）启示。从界岸村职业流动和阶层分化个案看全国。报告提出，在社会主义市场经济条件下，逐步创造平等机会，让每个社会成员都能通过职业流动和自身努力，达到与自己的天赋、才能和愿望各得其所的社会地位，这是社会发展必然要求。要因势利导，进一步打破障碍，扩大开放度，促进农民有序流动和阶层合理分化。要根据农村阶层分化中出现的新情况新问题，统筹兼顾，分类指导，既要考虑农民的整体利益，又要协调各阶层的利益关系，特别是要考虑和满足社会主体阶层的利益和要求，最大程度地调动积极因素，促进农村的稳定、发展和进步。

这是我第一次尝试利用社会学方法，来分析农村社会具体个案，了解情况用了一个晚上，学习、研究、写报告用了两个多月，一次以学促研、学研结合的体验与实践。研究报告得到单位主要领导肯定，亲自写编者按："这是一个较少系统研究而又很重要的课题，希望引起有关部门和研究单位的关注。文中一些基础性调查材料和某些分析性观点，有一定的参考价值。"

现在看来，我作为一个非专业人士，从分析上百人村庄个案着手，由此推测全国农村劳动力流动与阶层分化趋势，以一粒沙子折射大海，似乎有点轻率，甚至不太靠谱，可谓无知者无畏。回忆往事，重读29年前研究报告旧文，好在基本观点无大错，侥幸侥幸。

附：研究报告（节选，表略）

界岸村农民的职业流动与阶层分化

（1994 年 12 月）

千百年来，农民一直是中国人口最多的社会群体。改革开放以来，这个庞大的群体开始了激烈的阶层分化，其规模和速度前所未有。农民的阶层分化还在进行，已经并将对农村乃至全国的社会经济发展产生巨大而深刻的影响。本文试图通过对苏南地区界岸村农民职业流动和阶层分析的实证分析，具体考察急剧变动中农民阶层分化的量变过程、相关因素和本质特征，以利于把握其客观规律及发展趋向。

一、职业流动的基本情况和特点

界岸村地处苏南地区张家港市。这个市以乡镇企业发达闻名全国，1993 年在综合实力百强县中位居第四。界岸村是一个相对独立的自然村落，原来是一个生产队，现在是一个村民组，全村现有居民 130 人左右，人均耕地不到 1 亩，经济发展水平在当地处于中等。

苏南地区人多地少，多种经营和乡镇企业起步较早。改革开放前夕，该地区乡镇企业产值已占农村社会总产值的 40% 左右，个体经济悄然复苏，吸纳了部分劳动力，但从事农业的劳动者仍然占绝对多数。据统计，1978年，界岸村共有男女劳动力68人（18—65岁），其中农业劳动者51人，占总数的75%；企业职工8人，占11.8%；个体手工业者6人，占8%；大队干部3人，占4.4%。到1993年，界岸村农民的职业构成发生了大的变化，农业劳动者比重大幅下降，个体劳动者、企业职工比重迅速上升，全村共有男女劳动力75人，其中农业劳动者14人，占全村劳动力18.7%；个体劳动者38人，占劳动力总数的50.7%，其中手工业者占绝对多数；企业职工19人，占劳动力总数的25.3%；管理者4人，占劳动力总数的5.3%。

纵观15年来界岸村农民职业流动的状况，有五个显著特点：

（一）流向明确，都是从农业流向非农产业。该村1978年51个农业劳动者中，自然减员17人，出嫁女性11人，向个体经济转移9人，3人当干部，1人上大学，仅有10人继续从事农业生产。15年中累计增加就业人口44名，只有4人进入农业队伍，绝大部分进入非农产业。农民向非农产业流动，具有不可逆性，即使收入不如农业，也很难再重新回到农业上来。

（二）在时间上呈明显的阶段性。职业流动首先从男性开始。1978年全村33个男性劳动力中，12人做手工业或社队企业工作，占男性劳力总数的36.5%。到80年代中后期，男性劳力大部分从农业中转移出来，女性劳力转移速度加快，现在从事非农产业的女性劳力已占60%。80年代初期，苏南地区乡镇企业处于启动阶段，经营不够稳定，容纳劳动力有限，农民主要向个体劳动流动。80年代后期特别是进入90年代，乡镇企业开始起飞，企业职工空位增加，新的就业人员特别是中学毕业生主要是向企业流动。

（三）业缘关系与亲缘关系密切。这在个体劳动者中尤为明显。目前界岸村个体劳动者中，有12对夫妻、5对兄弟或堂兄弟、2对代际关系，涉及亲缘关系者占个体劳动者总数的77.7%。业缘关系与亲缘关系结合，在相当程度上体现了农民家庭生产功能的延续与释放。

（四）职业流动与文化水平有较高的关联度。从中学生比重来看，企业职工最高，为78.9%；管理者次之，为50%；第三是个体劳动者，为40%；农业劳动者最低，为14.3%。企业职工文化程度高，一方面是招工时对学历有相应的要求，另一方面是个人的择业意向、能力与文化程度直接相关，高中毕业生更多地注重职业声望和发展机会，大多选择在企业就业。

（五）结构性流动与地域性流动相结合。结构性流动主要体现在农业劳动力向乡镇企业分流，离土不离乡。当然，"乡"的概念也在日渐扩大，原来主要指本村本乡，现在已经扩大到全市（县）范围。地域性流动指本地劳力向外省市流动，主要是个体劳动者。现在界岸村有21人在外省市做工，占全村劳动力总数的27.9%，主要去向有北京、云南、甘肃、新疆、辽宁等地。

二、职业流动的基本动因和社会背景

短短十几年间，界岸村农民职业结构发生如此巨大的变化，基本动因在于我国长期以来业已形成的城市与农村、现代工业与传统农业的二元结构带来的巨大差异，农民渴望通过职业流动改善自己的社会地位；而改革开放以后封闭体制的逐步打破，产业结构调整带来的社会空位，则为农民的职业流动创造了必不可少的客观条件。

解放初期，界岸村人均耕地不过 1.5 亩。到 60 年代中后期，随着人口的大量增加，资源制约矛盾突出，经济每况愈下。1970 年，该村每个劳动日工值仅 0.43 元，全村 30 多户，一半左右的农户欠生产队透支款。农民不仅遇到发展的冲突，而且面临生存的危机。由于经济的压力，界岸村农民开始自发地向非农产业流动，个体经济、多种经营和乡镇企业悄然发展。但限于当时的社会经济条件，转移速度极其缓慢，千百年来一直延续的以农为主的基本格局没有改变。

十一届三中全会以后，改革开放的一系列基本方针和政策，促进了农村经济社会的大发展。与此同时，城乡封闭、工农封闭的体制壁垒逐步削弱，农民职业流动的闸门打开了。

（一）农民从农业生产中退出的障碍逐步消除，从而使职业流动成为可能。农村家庭联产承包责任制的推行，极大地调动了农民的劳动积极性，提高了农业生产效率。随着农业生产的增加，食品短缺问题的缓解，以及人民公社体制的瓦解，农民获得了自由处置自己剩余劳动力的权利，开始在广阔的范围里向非农产业转移，并逐步从自发走向自觉。

（二）社会结构的大幅度调整，为农民的职业转移提供了大量可供选择的社会空位。一是所有制结构的调整。70 年代末，国家放宽政策，允许和鼓励城乡个体经济发展，个体劳动者如鱼得水，首先富了起来，个体劳动成为界岸村青年的第一职业选择。二是产业结构的调整。80 年代后期，苏南地区乡村工业进入起飞阶段，工作岗位增多，到 1990 年，本地农村剩余劳动力基本解决，开始从外地招工。

（三）允许个体劳动者异地经商做工，为农民的职业流动提供了广阔的空间。中国现行限制城乡人口流动的制度和政策，主要是户籍制度，以及与此相联系的商品粮、油制度和限制农转非的政策。随着城乡经济的进一步开放搞活，城市居民商品粮、油市场已经放开，户籍制度作为定居规范的重要性相对缩小，实际上已经难以控制农村劳动力异地流动，农民进入城市的障碍日益削弱。

三、阶层的形成与各阶层基本特征（略）

四、不同时期阶层关系比较

改革开放以前，界岸村农民内部有两对矛盾：一对是村干部与其他社会成员之间的矛盾。这种矛盾一般表现为管理者与被管理者之间的矛盾。在高度集权又相当封闭的人民公社体制下，这种矛盾尖锐突出：一方面，管理者作为诸多脱离实际、强迫命令的执行者，常常与群众发生直接冲突，成为社员攻击的载体；另一方面，管理者在劳动、分配、招工等方面集中把握着农村大权，这些权力大多是无规则的，全凭干部说了算。尤其是极为紧缺的职业流动机会，干部亲属近水楼台先得月，激起社员的忌恨。第二对矛盾是农业劳动者与个体手工业者、企业职工之间的矛盾。原因在于收入差距带来的心理不平衡，因为手工业者、企业职工收入相对高一些，参加农业劳动少，却要在队里分粮分草，农业劳动者认为不公平，是自己辛辛苦苦养活了他们。从社会学意义上说，众多农民挤在极其窄小的土地上，缺乏通过职业流动来改变社会地位的条件和机会，阶层堵塞，城乡封闭，英雄无用武之地，想改变社会地位而不得，只好"窝里斗"。

改革开放以来，随着社会经济的发展和农民阶层的分化，原有的矛盾冲突缓解了，农村社会关系趋于和谐。

开放式的职业流动，增加了农民改变社会地位的平等机会，动能得到释放，缓解了地位差别带来的冲突。乡村干部对农民自由择业的行政约束基本失效，择业的规则日益公平，通过自身努力提高社会地位成为可能，从而激励农民把主要精力放在寻找新的机会、投入公平竞争中去，"窝里斗"大大减少。

各阶层在空间上拉开了距离，减少了直接冲突的机会与可能。农业劳动者在村里种地，个体劳动者大多外地做工，职工更多地受企业的约束，村干部的行政管理职能大大简化，管理程序化，随意性减少。各个阶层各司其职，各尽所能，保持一定的空间距离，有益于关系融洽。

经济收入主要取决于个人能力，阶层之间直接利益冲突减少。过去农民在生产队一口锅里争饭吃，总量有限，此多彼少，必然引起冲突。现在情况不一样了，八仙过海，各显神通，不存在谁挤占谁的问题。1978年界岸村农业劳动者、个体劳动者与企业职工三者之间的收入之比，大致是1.0∶1.2∶1.8；1993年三者之比，大致为1.0∶4.0∶3.0。虽然收入差距拉大了，但体现了各尽所能、按劳分配的原则，这已经被界岸村农民各阶层所认可。

五、阶层结构及变迁（略）

六、阶层分化趋向

界岸村农民大规模的职业变迁已经完成，像最近10多年这样剧烈的结构调整不再重现，但阶层分化还将继续。据估测，到

2000年，界岸村农民中，管理者阶层和私营企业主阶层比重大约为8%左右，农业劳动者10%左右，企业职工人口比重超过50%，个体劳动者比重大致为30%多。

阶层内部将出现新的分化。大部分个体劳动者将继续保持个体经营的特点，一部分善于经营、有一定资金实力或组织能力的将分离出来，成为私营企业主，如个体裁缝成为前店后厂的服装店老板，木匠、瓦匠成为建筑工地的包工头等；由于生产协作的需要，也由于个人经营能力的限制，一部分个体劳动者可能成为同行业老板的雇工，如裁缝不再独开门面，专门为服装店老板加工服装，木匠、瓦匠成为建筑公司的合同工等。企业职工会进一步突破所有制、乡土地域的限制，在更大范围内流动择业，一部分经营、技术骨干可能成为管理者或白领工人，也可能分流出来成为个体劳动者或私营企业主。

界岸村家庭联产承包责任制的微观载体——农户已经基本解体，农业仅仅是一些中老年妇女在支撑。现在人均8亩地，个体劳动者、大部分企业职工都愿意把承包地转移出来，乡镇企业反哺农业的能力初步具备，发展农业规模经营的条件基本成熟。如果政策引导得力，在规模农业上有新的突破，界岸村农业劳动者阶层可能出现三种类型：一种是以农户为基础、以农为主、多种经营的兼业劳动者；一种是有一定规模、家庭劳动与雇工相结合的家庭农场主；还有一部分人是企业化农场或家庭农场的职工。

七、启示

我国地域辽阔，各地情况千差万别，经济社会发展很不平衡。从苏南地区界岸村农民职业流动和阶层分化的个例看全国，难免会有缺陷，但还是可以看出农村阶层分化的大致轨迹和基本走向。

改革开放以来，随着城乡封闭壁垒的削弱和社会经济结构的调整，中国农民开始了急剧的阶层分化，初步形成管理者、农业劳动者、个体劳动者、企业职工和私营企业主五个阶层。这一变化主要通过农民向个体经济和乡村企业的大规模流动得以发生。二元结构条件下的城乡差别、工农差别是职业流动的内在原因，收入差距成为阶层分化的物质基础。个体劳动者离土又离乡，其发展规模与速度，主要取决于城镇社会需求和实际容纳能力，业缘关系和亲缘关系成正相关。企业职工大多离土不离乡，其发展速度和规模，主要取决于乡村企业的吸纳能力，与本人的学历文化成正相关。职业流动使农业劳动者人均资源增加，有利于提高劳动生产率，同时大批精英出走，农业劳动者整体素质下降，成为发展现代农业的隐患。农民的阶层分化，实质上是现代工业文明对传统农业文明的替代，城市文明对乡土文明的替代。

在农村阶层群体中，私营企业主、管理者的社会影响将不断扩大，但人数比重不会太大。在相当长的时期内，农村中的主体阶层是农业劳动者、个体劳动者和企业职工，他们占农村劳动者的80%以上，是农村经济社会发展的基本力量。农民职工是社会主义市场经济条件下成长起来的农村工人阶级，他们与现代大工业和市场经济相联系，思想解放，勇于开拓，必将随着农村工业的发展成长壮大起来，成为建设现代化新农村的主力军。农村个体劳动者是乡村工业起飞前农民分流的主要渠道，也是农村工业化的产业后备军，私营企业主摇篮。中国是一个人口大国，无论现在或是将来，农业始终是经济发展、社会稳定的基础，这就决定了农业劳动者始终是一个不可忽视的阶层。我们的基本方针、政策和实际工作，必须根据农村阶层分化中出现的新情况新问题，统筹兼顾，分类指导，既要考虑农民的整体利益，又要协调各阶层的利益关系，特别要考虑和满足社会主体阶层的利益和要求，最大程度地调动积极因素，促进农村的稳定、发展和进步。

中国农民的阶层分化仍在进行，基本趋向是农业劳动者比重日益缩小，个体劳动者、企业职工比重不断增大。从全国看，现阶段农业劳动者占主导地位，农业仍然是农民的主要收入来源，中西部地区尤其如此。由于农业劳动者与个体劳动者、企业职工的收入差别较大，农业劳动者势必向个体劳动者、企业职工转移。随着农村商品经济的发展和工业化推进，第二产业成为农村的经济支柱，农业劳动者、个体劳动者、企业职工将逐步形成三足鼎立之势，阶层差别开始缩小。随着农村产业结构的进一步调整，第二、第三产业占主导地位，农业劳动者、个体劳动者比重下降，企业职工比重不断扩大并最终占绝对多数，此时，工农差别、城乡差别、阶层差别越来越小，农村劳动者整体素质和社会地位全面提高。

在实行社会主义市场经济的条件下，逐步创造平等机会，让每个社会成员都能通过职业流动和自身努力，达到与自己的天赋、才能和愿望各得其所的社会地位，这是社会发展的必然要求和趋向。要因势利导，扩大开放度，进一步打破障碍，促进农民有序流动和阶层合理分化。要把异地流动和就近转移结合起来，重点抓好就地就近转移，发展中小城镇。在中西部地区广大

— 067 —

农村，要放手发展个体经济，把业缘、亲缘和地缘优势结合起来，加快农民向个体劳动者分流。农村中职工比重越来越大，他们将逐步脱离土地。如果宏观环境发生大的变化，乡镇企业倒闭过多，失业率太高，将直接影响农村的社会稳定。必须对乡村企业采取适度支持和保护的政策，同时加紧建立农民职工养老保障制度和失业保险制度。在职业流动和阶层分化中，农业劳动者处于不利地位。如何给予特殊扶助，有效保护他们的利益，增加经济收入，缩小阶层差别，保持一支与农业发展要求相适应的相对稳定的队伍，无论是当前还是将来，都是一项重要而又艰巨的任务。

沉下身子　解剖麻雀

——《转型中的国有企业》调研纪实

1995年5月下旬，我到某市工艺装备厂调查，直接听取干部职工意见，了解国有企业改革现状，同行两人，时间一周，吃住在厂招待所。

如何深化国有企业改革，是当时体制改革的重点难点，也是社会议论的热点焦点。全国正处于计划经济向市场经济转轨时期，国有企业从行政指令转向市场导向，面临外资企业、个体私营企业的激烈竞争，生产经营困难，经济效益下降，亏损面亏损额增加。我们想通过典型调查解剖麻雀，摸摸国有企业到底是什么情况，重点了解三个方面：厂长与厂长负责制，企业中党的工作，工人的生活、地位与心态。翻阅当年的工作笔记，回忆调查经过，摘录各种发言，留下国有企业改革转型中的一段真实历史。

5月23日上午　企业家座谈

6位厂长参加，集中反映三个问题：一是市场急转直下，企业订单不足，不能满负荷生产；二是生产成本提高，工人涨工资，原材料涨价，还贷款利息，征资源税、地方补偿费，职工医疗费等，各方面都在涨；三是社会负担太重，主管厅局、政府机关、学校、街道，挂靠企业、三产公司，都来挖企业，谁也得罪不起。国有企业没有摆脱行政附庸地位，缺乏市场竞争力，只会越搞越难。

包厂长发言直率。他认为，目前企业经济效益下降，已经不是企业能够解决得了的。去年全厂工资总额增加300多万元，政府发个通知，谁敢不加工资？国外技术进步快，我们跟不上，十年前引进的技术已经落后。企业人才紧缺，研究生以上很难要到，即使来了能顶用还要好几年。外国人机器生产，我们人工生产，长期下去要成为附庸。一年后，优秀企业家包厂长锒铛入狱，企业破产。

5月23日下午　部门介绍情况

体改委介绍，深化国企改革，一是改制，公司制改造800家，股份合作制2100家；二是改组，去年组建28个企业集团，今年组建10家，推进企业兼并，拍卖小型企业；三是改造，去年全市技改投入40亿元，其中国有企业13.1亿，技术改造增加投入，利息负担加重，早改造早死，不改造等死。

他们特别谈到，企业办社会负担太重，有家大型石化企业，自办食堂42个，浴室15个，中小学幼儿园14所，医务所13个，后勤职工5000人，占职工总数的1/4，这个信息令人震惊。

生产处介绍，市属国有企业资产负债率高达77.8%，目前一半以上亏损，亏损额同比增长39%。企业流动资金紧缺，1—4月新增贷款5.2亿元，成本费用上升超过生产销售增长。应收账款拖欠增加，比去年同期增加1.9亿元。

5月24日上午　厂办主任介绍情况

工装厂前身是1952年的技术学校，每期学员900多人，先是一年制，后来两年制，1958年转为工厂。1980年代中期进入加快发展期，主要生产精密滚动部件、橡塑机械和螺杆机筒，1985年产值1000万元，1993年超过1亿元，1994年利税1278万，机械部重点骨干企业，市高新技术企业。

这个企业共有29个处室，其中生产系统5个，技术与经营系统10个，行政系统6个处，政工系统8个处，9个分厂（原来的车间），直属工具车间、动力车间。全厂职工2195人，退休539人，内退100人。在岗职工中，干部及管理人员506人，占1/4；工人1376人，其中技术人员240人；一线工人917人，接近一半。机构设置与职工构成，同样令人震惊。

5月24日晚上　访谈武书记

书记是个女同志，团干出身，1985年调任工装厂，先后担任副书记、书记。谈到厂长负责制条件下，书记与厂长如何协调？武书记并不避讳，她说一开始不适应，逐步摸出门道，发挥优势，甘当配角，支持厂长工作。厂级干部之间、厂级干部与中层干部之间、中层干部之间有时意见不一，发生矛盾，需要书记做工作。这是书记的强项，别人无法替代。

武书记认为，目前企业中党组织作用发挥比较好的，大约占三分之一；书记比较弱、制约不了厂长的三分之一；党组织基本不发挥作用的，也占三分之一。党章规定企业党组织发挥保证监督作用，工作中到底怎样参与决策，缺少具体可操作性，需要明确规范。书记厂长一肩挑不解决问题，素质高还好，不高会很坏。

武书记直言，厂长负责制如果成了个人负责制，迟早要垮台。近几年垮掉的厂，大多是党委无法制约厂长，不能否决厂长的错误决策，发现问题为时已晚。现在厂长与党委的配合，主要取决于厂长、书记的个人素质，缺乏制度上的保证。厂长负责制需要完善，从制度上解决问题。

5月25日上午　企业管理人员座谈

何处长反映，主管部门一方面讲产值增长，一方面讲限产压库，厂长只能应付上级而不是应付市场。去年机械局下文，产值指标只能增长不能下降，否则厂长带辞职报告来，市里要求增长15%，局里要求增长20%。在这种情况下，厂长很难对企业经营和效益全面负责。

王主任认为，现在一个企业的好坏，主要取决于厂长，靠明星厂长。全国能有多少明星厂长？一些明星厂长开始干得不错，作风比较民主，有了一定成绩、荣誉，权力膨胀了，个人说了算，胡作非为，最后厂子垮了，几千工人几十年劳动积累付诸东流。

徐处长介绍，企业工资总额与人均水平年年上涨，1991年工资总额630万元，人均2833.5元；1994年分别涨到1475.7万元，6688.6元，三年翻了一番多；1995年头4个月，工资总额535.7万元，人均2436.1元，接近1991年全年水平。4月底三项制度改革，下岗职工524人，每月发200元，在职职工人均每月606元。

5月25日下午　中层干部座谈

一分厂鲁厂长是个大学生，1983年进厂，分厂157个职工。他认为，职工积极性调动不起来，根子在于计划体制的影响。厂长、中层干部理解市场竞争的残酷性，但是工人不理解，只想吃大锅饭，有些人闹事，厂长不好管。要改变职工观念，能进能出，竞争上岗。搞好国有企业，厂长是关键，要激励机制，也要约束机制，有些厂长有跳板意识，想过渡到机关，企业家能否职业化？

九分厂董厂长，大专毕业，工龄25年。他提出，厂长负责制前提是财权与人权，有了权如何制约谁来制约？企业好像走进了死胡同，承包制，股份制，企业集团，对提高市场占有率有多少好处？对企业应变能力有多少增加？企业折腾不起，牵涉精力，解决不了问题。

老冯是四分厂厂长兼书记，1958年参加工作。他说，国有企业的病越拖越重，两头着急、中间不动，时间长了，人心散了，几千万工人摆不转。1960年代最困难的时期，各级领导到基层调查研究，解决问题，共渡难关。现在国有企业遇到了大困难，希望领导亲自抓一两个企业，改革试点，有的放矢指导国企改革。

实业公司丁经理，1969年部队转业干部。他说，现在企业真不好搞，喂奶的亲娘没了，管事的婆婆多了，工商、税务、文化、环卫、防疫、消防、公安、居委会、交通等，谁都来管你，企业无能为力。

5月26日上午　党团工作座谈

关于党团工作。全厂现有中共党员288人，占在职职工的

12.9%；党员中管理人员与技术人员比重65%，工人比重35%；35岁以下青年党员占20%，预备党员13人。入党积极分子人数下降，后备力量不足。全厂331个团员，2/3在一线，17个团支部，1—4月开展两项活动，"五四"表彰和组织登山。

关于职代会工作。职工代表占职工总数的7%，工会干部7人，工资总额的2%作为工会经费。今年以来工会主要活动：开展合理化建议活动，征集建议384条，其中90条已被采纳；联合评选年度五项"十佳"，表彰先进；组织评议厂长、书记的述职报告；组织中层干部学习《中华人民共和国劳动法》；评选1994年本厂十大新闻；组织春节联欢会和迎春长跑。

5月26日下午　技术人员座谈

老刘说，厂长负责制是个进步，但是全厂几千人命运系于一人，对厂长的素质要求太高了，也太危险了。厂长有很大的权利，也要承担责任，有监督或协助管理。

老周说，尊重技术，尊重人才，嘴上说得好，实际做不到。工人怎么说？"黑手养活白手"。工资差距1∶1.1，技术人员略高于工人，一线还有意见，过一段时间又回到大锅饭。

毛工程师反映，全厂300多个工程技术人员，三四十岁的少了，三十来岁的更少，要么年龄大的，要么刚进来的，中间脱节。恢复高考后进厂的大学生，大部分走了，技术处就走了6个。老手不敢带新手，羽毛丰满就走，对工厂是极大的损失。

5月27日上午　老工人座谈

5位师傅厂龄都长，1位40年，3位30年，1位25年，发言热烈，问题尖锐。有关发言：

厂长负责制，一个人说了算，恐怕没有多大用，真是能人还行，不是能人副作用可大了。厂长负责制厂长负不了责，资产是国家的，搞垮了怎么负责？

职代会本来应该听取全年工作总结，讨论分配方案，结果一个干部谈共渡难关，一个干部讲节约开支。节约节约，工作鞋不发，口罩不发，工作服不发，防护用品不发，这才几个钱？

工会就是摆设。五十年代鞍钢经验"两参一改三结合"，工人参与管理，大报上登，日本人学习，我们全都扔掉了。

听电视里唱"咱们工人有力量"，差一点掉泪。过去炼钢工人、石油工人多自豪？

记得苏联电影《莫斯科不相信眼泪》里，一个院士称赞一个钳工，说他有"有一双金子般的手"。现在不是这样，小家伙讲，"这辈子你就这个样子了，能拿多少钱？"

5月27日下午 青年工人座谈

章师傅（45岁，铣工）：我一直在生产一线工作，技术越高干活越多，一线转二线很不容易。厂里新老交替不好，1965年进厂的还在一线，1970年进厂的反而走了，再就是1981年左右的。青年工人不愿意学技术，1992年搞青年比武，拿到名次的大多厂龄10年。

张师傅（24岁，团员，车工组长）：不是我们不肯学技术，老工人技术好，收入又怎样？年轻人在观望，找机会跳槽。工人收入太低，造茶杯的不如卖茶杯的。我们现在千方百计让孩子上好学，为的是将来不当工人。

朱师傅（女，35岁，党员）：几个同学聚会，问我什么职业，不好意思回答，人家有 BP 机、大哥大，我们没有，灰溜溜的。组织团员开展活动，想把年轻人拢在一起，结果领导谈话，说是拉小宗派。几个人开玩笑，"我们搞点地下工作算了。"

5月28日上午　访谈郑厂长

郑厂长社会经历丰富，1966 届初中毕业，插队，当兵，入党，提干，在上海交大、南京大学脱产学习，先后担任企业副书记、副厂长、厂长，1994 年调任工装厂厂长。

他说，去年股份制改革，认为是模糊"姓资""姓社"之争，后来发现并非如此。当前改革进入攻坚阶段，国有企业矛盾突出暴露，如何解决思路不清楚，忽左忽右，模棱两可，天一下雨就打伞，天一晴就收伞。去年动员一律搞股份制，不搞主管局要负责，今年动员搞企业集团，反正搞好搞坏上级不承担责任。

郑厂长认为，企业是经济组织，本质是利润最大化。1950 年代上面说了算，生产不出来是企业的事，决策失误是政府的事。现在企业搞不好厂长负责，许多事情都是政府在操纵，厂长怎么负责？在党委、厂长、书记之间绕来绕去，搞权力制衡，影响效率，不行。企业决策、经营集中于一人，也不行。决策失误了怎么办？对国家不负责任，对职工不负责任，对厂长也不负责任。

郑厂长说，这几年国有企业自主权增加，能够做一些事情，这是愿意在企业干下去的原因。如果企业是个人的，不希望有枝枝攀攀。厂长书记一肩挑，各种强烈度的改革、经营管理集中在厂长身上，搞不好身败名裂，企业财产不是个人的，无法承担无限责任。

这次国有企业调查，类似乡村田野调查，时间不长，节奏很快，开了9个座谈会，个别访谈厂长、书记，总共听取40位同志的意见。这次调研有两个特点：

（一）大题小做。国企改革是大题目，切入点是个案调查。调查不是为了提建议，而是解剖麻雀，摸清一线真实情况。改革开放、经济社会发展中的重大问题，往往不是一两次调查就能搞清的，事物的发展总有一个过程，在矛盾没有充分暴露的时候，在社会实践没有发展到一定阶段的时候，很难提出操作性建议，需要积累，需要时机，这是实事求是的态度。

（二）沉到一线。这次调研住在厂里，与工人一起，一天三顿吃食堂，直接感受企业的环境气氛。听取意见比较广泛，有党政干部、中层干部，有管理人员、技术人员，有老工人、年轻人，尤其是工人师傅的发言，给人留下深刻印象。调查研究不能漂在上面，乡村调查要听农民的意见，企业调查要听工人的想法，工人农民人数最多，是社会主体阶层。倾听工人农民呼声，了解平民百姓意愿，汲取人民群众智慧，是党的优良传统，也是调查研究的基本要求。

附：调研报告（节选）

转型中的国有企业

——对工艺装备制造厂的考察

（1995年8月）

工艺装备制造厂是国有大型企业，主要生产精密滚动部件、橡塑机械和螺杆机筒，现有职工2000多人，固定资产原值6400万元，1994年产值1亿多元，利税1000多万元，企业管理在当地处于中上水平。1995年5月下旬，我们到这个厂进行典型调查，召开3—5人的小型座谈会，进行个别交谈，广泛听取厂长、书记、科室干部、车间主任、工会、团支部、技术人员、党员、老工人、中青年工人的意见。重点调查三个问题：厂长与厂长责任制，企业中党的工作，工人生活、地位与心态。

一、关于厂长与厂长负责制

（一）厂长一周工作

郑厂长今年45岁，大专毕业，插过队，当过兵，1976年进厂做工，1985年起先后担任党委副书记、副厂长、厂长，一年前调到工艺装备制造厂。我们随机抽查5月17—23日厂长的日常工作，这是我们进厂调查的前一周。郑厂长本周在厂时间65.5个小时，主要工作分外部联系、内部管理和其他三部分，分别占总工作时间的29.8%、29.8%和40.4%。

外部联系指企业的营销协作与公共关系。主要工作有6项：(1)与模型厂谈联营问题；(2)与锻造厂谈锻件供应问题；(3)检查联营分厂进度；(4)与外商谈进口设备问题；(5)与政府有关部门商谈技术改造立项退税等问题；(6)参加市企业家协会活动。

内部管理工作有9项：(1)听取分厂二季度承包方案执行情况；(2)与财务部门研究本月浮动工资的分配问题；(3)与三产实业公司讨论土地开发及基建问题；(4)与人事处谈本厂技校学生分配事宜；(5)与生产、经营部门制订营销方案；(6)与质管办、检验计量处研究质量升级、创名牌问题；(7)与财务处讨论资金运转问题；(8)协调分管厂长与有关处室的关系；(9)与保卫处谈西厂区失火处理事宜等。

其他工作主要是下车间、会议、谈话和学习。本周厂长下车间6次，检查现场管理情况和劳动纪律，了解主要车间生产潜力。召开或参加会议3次，厂长办公会是每周例会，本周讨论质量管理问题。党委会讨论党委改选事宜。与副厂长和中层干部谈话3次，处理文件4小时。

分析厂长的一周工作，大致可以看出，目前厂长已经从行政事务、上级会议和社会应酬中摆脱出来，主要精力放在企业的经营管理上，一周内处理大小事情30多项，异常辛苦。厂长忙，有体制上的原因，厂长对企业全面负责，许多事情不得不找到他，由他拍板。也有工作方法上的问题，需要厂长善于利用行政力量，分工负责，分级管理，提高领导水平。

（二）厂长的雄心与苦恼

郑厂长说，实行厂长负责制，使厂长在经营管理方面具有一定自主权。如一般技改项目的立项，企业的内部决策，内部生产要素的组合，企业中层干部的任免，以及内部分配关系的调整等，上级的干预越来越少，厂长基本上能够自主决定。在经营决策、干部任免等问题上，书记、副厂长尊重厂长意见。但还有许多无形的东西在牵涉厂长的精力，最头疼的是政府部门对企业的考核。一要考核速度，二要考核质量，三要考核产销率。在许多情况下，企业完成了产量指标，就完不成产销率；完成了产销率，就完不成产量指标。因为企业按照市场需求，按订单组织生产，市场在不断变化，哪种产品生产多少，在相当程度上不是企业能够左右得了的。为了完成指标，一些企业不得不弄虚作假。深层次问题不在考核本身，而在于政府部门的指导思想，一些同志还是计划经济的观念起作用。

郑厂长告诉我们，1994年5月份紧急动员，要搞股份制。股份制履行后国家参与利润分红，等于从企业多拿走一块，不少企业不想搞。为了执行上级指令，工艺装备厂拿出一个车间来改制，清产核资花了几万元，花费了不少精力和时间，对改善经营管理水平、提高竞争能力到底有多少促进作用，谁也说不清。今年又开会动员，让搞企业集团，企业大多不愿人为地捏到一起，这对改善经营管理不会带来帮助，但是，上级说只有企业集团"九五"计划才给技改立项，没有办法，还得"主动申请"，要求试点。

郑厂长说，实行厂长负责制，几千万固定资产、几千个工人，前途命运系于厂长一人，厂长责任太重。现在方方面面的改革都要厂长执行，强烈度的改革都集中到厂长身上，厂长难以承担，需要一个支持群体出谋划策，分解矛盾。从这个意义上说，企业中党委工作必不可少。厂长与党委的关系，主要是厂长与书记的关系。厂长与书记互相配合，党政关系协调，有利于搞活企业。如果厂长书记不能相互理解，党政关系糟糕，企业肯定搞不好。

（三）方方面面对厂长负责制的看法

武某某（党委书记）：厂长负责制应该肯定，但企业工作错综复杂，光靠厂长一个人不行，需要党委、工会的配合。厂长负责制如果成了个人负责制，迟早要垮台。近几年垮掉的厂，大多是党委无法制约厂长，不能否决厂长的错误决策，发现问题为时已晚。现在厂长与党委的配合，主要取决于厂长、书记的个人素质，缺乏制度上的保证。厂长负责制需要完善，从制度上解决问题。

吴某某（财务处长）、何某某（计划处长）：现在主管部门一方面讲产值增长，一方面讲限产压库，使厂长在许多方面只能应付上级而不是应付市场。1994年企业社会统筹支出300多万元，相当于成本的5%—6%；流动资金利息300多万元，相当于成本的5%—6%；工人提高工资，成本中工资部分已占25%，比1990年高5个百分点。在这种情况下，厂长很难对企业经营和效益全面负责。

王某某（总工程师办公室主任兼支部书记）：厂长负责制比党委领导下的厂长负责制前进了一步，解决了行政指挥的领导地位，但没有完全解决企业的科学决策和厂长的行为规范问题。现在一个企业的好坏，主要取决于厂长，靠明星厂长。全国能有多少个明星厂长？一个明星厂长开始时干得不错，作风也比较民主、规范，有了一定成绩、荣誉后，权力膨胀了，一个人说了算，胡作非为，最后厂子垮了，几千工人几十年的劳动积累付诸东流。

吕某某（老工人）：说是厂长负责制，其实厂长负不了这个责。资本家厂子垮了要跳楼，国有企业垮了厂长最多调走、降职，可国家的资产没了，工人的饭碗没了。工人出废品，要扣奖金，厂长把厂子搞垮了，应该坐牢。

二、关于企业中党的工作

工艺装备制造厂现有中共党员288人，占在职职工的12.9%。党员中管理人员、技术人员占65%，工人占35%；35岁以下青年党员占20%；十一届三中全会以后入党的占70%；预备党员13个，占4.5%。厂设党委，下属22个支部，一般以分厂或处室为单位。

（一）党委的主要工作

据党委书记和组织处长介绍，近几年党委主要工作有三项：一是开展思想工作，配合厂长搞好企业改革和管理。前年厂里搞三项制度改革，一次性内退111人，党委全力以赴做工作，及时化解矛盾，保障改革顺利推进。二是协助厂长选拔任用干部。1994年10月党委对全厂494名干部进行考核，称职的占89.1%，基本称职的占9.1%，不称职的占1.8%。厂长重新聘用时有42人离岗、待岗或转岗，占干部总数的8.5%。三是加强自身队伍建设。这个厂坚持民主评议党员的制度，每次评出优、良、中、差，比例数向全厂公布，评议结果与本人见面，对督促党员发挥作用起了一定作用。1992—1994年，该厂分别发展党员15、11、12人。但青年职工中党员比重偏低，仅占6.5%，入学积极分子人数下降，后备力量不足。1995年，党委举办了入党积极分子培训班和生产业务培训班，把发展工作移到提出申请之前，重点加强青年工人的培养，效果是明显的。

（二）党委书记谈党委工作

党委书记是位女同志，41岁，大专毕业，1970年参加工作，当了9年钳工，当过企业团委书记，车间党支部书记，1986年调到工艺装备厂，先后担任党委副书记、书记。

武书记说，实行厂长负责制后，党委的职能变了，书记怎么当，开始时有点手足无措。经过几年摸索，总算有所体会，就是要发挥优势，甘当配角，支持厂长的工作。一是协调矛盾。厂级干部之间、厂级干部与中层干部之间、中层干部之间有时意见不一，发生矛盾，需要书记做工作。这是书记的强项，别人无法替代。二是帮助厂长选拔干部，培养、监督和教育干部。三是在企业管理中主动参与，但不要越位，不包办代替。

武书记与该厂两任厂长的配合都比较好，主要靠相互理解和支持，而不是制度约束。她认为目前企业中党组织作用发挥比较好的，大约占三分之一；书记比较弱，制约不了厂长的占三分之一；党组织基本不发挥作用的，也占三分之一。党章规定企业党组织发挥保证监督作用，但工作中到底怎样参与决策，缺少具体可操作性，需要制定比较明确的工作规范。

武书记认为，在企业思想工作中，主题应该是如何调动职工的积极性。当前职工思想比较复杂，生产积极性下降。一些职工缺乏进取心，对干部缺乏理解和信任，雇佣思想严重。主要是觉得社会分配不公，工人地位低，工作没劲，对腐败现象不满，"心中有气"。调动职工的积极性，不仅要靠利益调节，还必须辅之以思想教育，两者不可替代。新形势下如何做好职工思想工作，有待深入探索。

（三）干部职工见仁见智

与大家座谈企业中党的工作，集中讨论三个问题：

1. 国有企业里不设党组织行不行？社会上有人认为，国有企业是经济组织，可以不设党组织。这个厂的干部职工不赞成这种观点。总工程师办公室主任王某某认为，厂长的工作主要用行政手段推动，刚性的，有时会激化矛盾，需要党组织做思想工作来化解，刚柔并济比较好。企业文化、精神文明建设等厂长往往顾及不到，党组织能发挥作用。九分厂厂长董某某认为国有企业中设立党组织，有利于对厂长和干部进行监督。

2. 怎样才能发挥企业党组织的作用？工程师周某某说，实行厂长负责制，党组织在生产经营中处于什么地位，起什么作用，看不出来，党的工作有时与工会工作差不多。技术一处的毛某某认为，企业党组织满足于当"调解委员会"、"学习委员会"是不行的，应该发挥更大的作用，例如说监督制约厂长，参与企业重要决策等。

3. 如何进一步发挥党员的模范带头作用？铣工章某某说，总的看，党员责任性要强一些，但表现突出的不多，表现差的也不多。有些党员得过且过，工作平平，没起模范带头作用。职工们普遍认为，近几年企业中党的建设有所削弱，如何加强党的建设，充分发挥党员的先锋模范作用，这是加强和改善企业中党的工作的重要课题。

三、关于工人生活、地位与心态

工艺装备制造厂现有职工2185人，其中女职工占三分之一，35岁以下职工占40%。在全体职工中，生产工人占61.9%，技术人员占10.3%，管理人员占11.4%，服务人员占8.7%，内退下岗等其他人员占7.7%。全厂实行劳动合同制，人员有进有出，近几年职工总人数略有减少。

（一）工人生活

1994年该厂职工人均年工资7000元，在当地属中上水平，1995年预计在1万元左右。我们调查了10位一线工作的收入情况，其中老工人6人，中青年工人4人。他们1994年工资大多在7000—8000元，1人进厂5年，年工资5000元。3口之家每月开销800—1000元，精打细算，略有结余。10位工人家庭中，有9家安了电话，电视机、电冰箱、洗衣机齐备。还没有安装空调的家庭，认为空调装得起，担心电费用不起。大家反映，现在花钱不紧张，但也不敢大方。比如说，早晨只给小孩订一份牛奶，如果全家喝，就觉得奢侈了，更不用说去卡拉OK玩乐、上饭店吃饭了。

10位工人中已婚者9人，配偶7人当工人，其中1人1994年企业停工1年，每月拿150元，1995年5月刚上班；已成年子女7人，仅1人当工人。父辈与子女职业的差异，表明代与代之间职业流动性相当高。大部分家庭有一个小套或中套住房，房源一半是企业的，另一半来自父母。据了解，这个厂近两年没买房，现有无房户46人，缺房户178人，厂里认为今后企业已无力解决职工住房问题。

据了解，现在厂内文化娱乐活动少。工人家家都订《扬子晚报》，每晚必读。电视看新闻联播，基本上不看电影。企业、学校的星期天是交叉的，大部分家庭不能一起过假日。星期天忙家务，也有人看技术书籍、棋类书籍、练字，或者钓鱼，偶尔也有打麻将的。

（二）工人地位

这个厂现有职代会代表150人，占职工总数的7%，一年开一次职代会，根据需要召开工会小组长会议。1995年1—4月，工会组织了六项活动：(1) 开展合理化建议活动，征集建议384条，其中90条已经采纳；(2) 与组织处、团委联合评选本厂五项"十佳"，表彰先进；(3) 召开工会小组长会议，听取并评议厂长、书记的述职报告；(4) 组织中层干部、工会分会主席学习《中华人民共和国劳动法》；(5) 联合评选1994年本厂十大新闻；(6) 组织春节联欢会和迎春长跑。

工人对职代会比较淡漠，大多认为职代会是聋子的耳朵，不管用。之所以出现这种情况，主要有三个原因：一是职代会不能有效地行使职权。按照企业法第四十四条、第五十二条规定，政府主管部门委任的厂长，须征求职工代表的意见；职代会审查同意或者否决企业的工资调整方案、奖金分配方案等其他规章制度，评议、监督企业各级行政领导干部，提出奖惩和任免的建议。这几条基本没有落实。二是职代会发扬民主不够。职工代表反映，每次大会都叫提提案，提意见，但有时连回音都没有。老工人十分怀念50年代的"鞍钢宪法"，认为当时提倡"两参一改三结合"，工人直接参与企业管理，真正体现了工人的主人翁地位。三是职工代表权利和义务不明确。一些工人不知道本车间的职工代表是谁，说不清本届职代会何时换届，职代会基本职能是什么。

这个厂的干部职工普遍认为，当前产业工人地位太低。有位老工人说，"五一"节听到电视里唱"咱们工人有力量"，就要掉眼泪。过去炼钢工人、石油工人多么自豪，大家都向往，现在不行了，小青年一进服务行业，收入就比我们高，工人收入太低了。33岁的朱某某说，几个人聚会，人家问他是干什么的，他都不好意思回答。人家有BP机、大哥大，他们没有，灰溜溜的。还有人说，苏联电影《莫斯科不相信眼泪》中一个院士称赞一个钳工，说他"有一双金子般的手"，现在工人不受尊重，被人瞧不起。有的工人说，小时候父母教育他们，长大了要当工人，学技术，现在不一样了，千方百计让孩子读书，就是为了将来不当工人。

（三）工人心态

希望领导干部加强对企业改革的指导。工人普遍反映，60年代初期最困难的时候，各级领导到企业、农村基层蹲点，调查研究，解决问题，共渡难关。现在国有企业遇到了很大困难，领导应该亲自抓一两个企业，摸清情况，总结经验，真正有的放矢地指导面上的工作。

对企业经营状况极为关心。针对1995年企业出现的经营困难，工人们当场出主意想办法。有的说，既然企业订货任务不足，工资为什么还发那么多？也有的说，要抓紧把新产品推向市场，前几年已经耽误了时机。还有的说，我们在企业干了几十年，几千万元的家当都是我们挣出来的，离开了企业没有别的出路，企业改革一定要适当照顾老工人的利益，千万不能把老工人当包袱甩出去。

强调企业必须抓产品、抓技术、抓质量。技术处反映，恢复高考后进厂的大学生大多走了，技术处现在是老少兵，中间脱节。工人们认为，现在厂里的新产品模仿多，创新少，只有尽快加强技术研究力量，组织技术人员、一线工人协同攻关，逐步形成自己的拳头产品和技术队伍，才能增加竞争能力和后劲。他们说，国有大中型企业无论是技术装备、人才，还是职工素质、管理经验，都是比较强的，只要优势合理组合，不怕竞争不过民营企业。

对企业干部的模糊工资有意见。工人们说，厂长和干部是辛苦的，一般情况下，拿平均工资的2—3倍也说得过去。如果有使企业起死回生的真本领，拿十万八万大家都没意见。模糊工资缺乏透明度，增加了干群之间的隔阂，不利于调动职工的积极性。

中老年工人对前景担忧。他们说，随着改革的推进，房租、煤气、交通、教育、医疗、食品等价格全面上涨。现在企业比较景气，工资收入还能对付，有一天企业不景气了，或者退休了，工资下来了那该怎么办？

四、启示和建议（略）

鼓励讲真话　敢于报实情

——《下岗职工访谈录》追忆

1997年，中国改革开放进入第20个年头，国民经济持续快速发展，城乡面貌发生深刻变化，与此同时，经济社会生活中的矛盾日益突出，进入经济体制转轨、产业结构升级、所有制结构调整的关键时期。

从经济体制看，以行政指令为主的计划经济模式基本打破，还有残存，还有影响，以市场配置资源为基础的市场经济体制初步建立，尚不完备，很不配套。从产业结构看，传统产业生产过剩，市场积压，新的产业成长兴起，还不能成为经济增长的主要引擎。从所有制结构看，个体私营企业、外资企业运营机制灵活，社会负担轻，竞争优势明显，国有、集体企业陷入困境，全国约有三分之二企业处于亏损状态。

国企改革打响攻坚战。这年秋天，党的十五大提出："从1998年起，用三年左右的时间，通过改革、改组、改造和加强管理，使大多数国有大中型亏损企业摆脱困境，力争到本世纪末大多数国有大中型骨干企业初步建立起现代企业制度。"

实现国有企业三年改革脱困目标，就是给国企"动手术"。

第一刀是"抓大放小",国有中小企业改制,涉及上百万家国有、集体企业。第二刀是"壮士断腕",关闭和重组扭亏无望、经营困难的大中型国有企业,包括那些资源枯竭的矿山。

无论是抓大放小还是壮士断腕,都涉及职工下岗、安置与就业。问题在于,当企业改革改制需要支付成本时,各级财政并没有准备足够的资金,当改革改制中职工大批下岗时,还没有编织好社会保障这张安全网。时有国有、集体企业近200万家,职工1.1亿人,这么大的一个经济系统,转型转制中大量职工下岗,如果没有相应的政策措施跟上,必将造成巨大的社会震荡。

形势是严峻的,这种严峻工作生活中随处可见。我到东北某省会城市调研,因工人集体上访,堵门堵路,省政府大门已经关了几个月,上下班从小门侧门进出。城市公园里,街道旁,胡同口,电影院前,经常看到职工聚集,三五个人,十几个人,一伙一伙的,有的小声议论,有的大声骂娘。我在城市的亲朋好友中,企业停工半停工的越来越多,下岗的一半以上。

种种情况令人焦虑不安。为了摸清下岗职工的具体情况,给领导决策提供第一手信息,1997年7月,我到N市搞专题调研。之所以选择N市,因为与市里研究室同志比较熟悉,有他们的配合与帮助,可以减少调研中可能出现的障碍,掌握到比较准确、真实的信息。

先了解面上情况,请部门同志参加。重点了解四个方面:全市职工下岗数量及动态变化;促进再就业政策措施及效果;关于下岗职工收入及生活救助;工作中的主要矛盾、重点与难点。讨论四个问题:职工下岗与再就业趋势如何?如何保障下岗职工的基本生活？怎样改善下岗职工的管理与服务？希望上级出台哪些新的政策措施？

请市总工会安排，召开下岗职工座谈会，直接听取意见。如何确定座谈对象？请同一个企业的下岗职工谈，互相熟悉，有可能说说就上火，引发不安定因素，给地方工作造成被动；请已经就业、相对稳定的下岗职工来谈，也许说点好话走过场，摸不到真实情况。我们事先与总工会商量，请不同企业、不同年龄、不同性别、不同境遇的下岗职工来谈，尽可能全面了解情况。

8位下岗职工参加座谈，分别来自7个企业。从性别上看，两位男同志六位女同志，反映出女性下岗率可能高于男性。中青年为主，最小的32岁，最大的50多岁，一般来说，不同年龄段的职工，下岗及再就业的感受不一样，适应能力也不同。年纪最轻的1位女同志主动下岗，6位同志被动下岗，1位同志企业停工在厂留守。他们原来所在的厂子，有大型企业集团，也有中小型企业，有制造行业，也有服务行业，反映出企业经营困难的普遍性。8位同志中，有车间主任、先进班组长、工会干事，有装配工、电焊工，也有服务员、营业员。

座谈会开始。对工人师傅来说，北京来人，市里开会，面对面交谈，这样的场合不多，看得出他们的紧张与不安。我先来个简短的开场白，请大家发言时，先介绍姓名、年龄、所在企业，什么时候下的岗，下岗后有没有发钱、发多少钱，有没有再就业，就业中遇到什么困难，目前收入多少，生活上有什么困难，有什么想法，有什么要求，有什么说什么，有多少讲多少，我们就是专门来听取大家意见的。开场白起引导作用，一方面，告诉参会者我们想了解什么情况哪些情况，发言时可以直奔主题，少绕圈子；另一方面，打消顾虑，缩短距离，一个频道上讲话，鼓励大家实话实说，把想说的都说出来。

工人座谈会与部门座谈会不同。部门同志往往事先准备材料，发言读稿子。工人也有准备，讲的是自己的事，每人都有一本账，用不着稿子。8位同志先后发言，讲得都很好，其中3位同志的发言尤其令人感慨。

一位男同志50多岁，1968年当兵，退伍后进厂，车间主任，不久前下岗。他说，我进厂快30年了，亲眼看着厂子从小到大发展起来，又眼巴巴看着企业垮下去。一个中型企业，4000多职工，下岗一半多，每个月发生活费100多元。辛辛苦苦干了几十年，一下子突然下岗，心里想不开。我的身体垮了，原来以为年纪大了，厂里可以养着，现在厂里靠不住了。

有位男同志35岁左右，也是当兵退伍后进厂的，一直是厂里的先进，当过技术能手、青年"十佳"、先进班组长、公司先进个人等，开会时带来十几本证书，一本一本翻给我们看。他说，没想到最后发的一本是下岗职工证书，真寒心。我们是在毫无准备的情况下突然失业的，企业没什么交代，也没有给我们做思想工作。企业没搞好，工人心里不好受。精神支柱在哪里？组织在哪里？面对现实，下岗工人当然要有正常心态，但现在光靠我们工人自己不行，需要政府、党组织的帮助，希望政府理解、关心和帮助下岗工人。

有位女同志，45岁，特困企业特困职工，1995年下岗。下岗后当过商店营业员、饭店服务员，卖过报纸，现在两个多月没有工作。丈夫去年去世，一个小孩上中学。厂里每月发150元生活费，总工会特困补助每年1000元，生活极其困难。小孩身体不好，看病花了3000多元，药费无处报销，都是借来的。自己有心脏病，有病不敢去医院，有时借别人的病历拿点药。房子一下雨就漏，没人管。她说，光靠自己的力量无法克服困难。小孩怎么办？自己年纪大了怎么办？说着说着就哭了起来。

座谈会后，我们到实地察访。一位下岗职工开了烧烤店，湖南路闹市区，简单听听看看。到参加座谈会的那位特困职工家里访问，一间半房子，没有像样的家具，小女孩在家做作业，不停咳嗽，没有花季少女的活泼样，家庭的贫困给她留下心理的阴影。来到不久前停产的一家中型企业，车间里流水线依旧，听不见机器的轰鸣，宽大厂区空无一人，静得可怕，令人心碎。

调研结束回去，开始写调查报告。按照常规，这个报告可分四方面来写：职工下岗、再就业及生活保障的基本情况；当地政府的工作措施与成效；职工下岗、再就业与生活保障的突出矛盾；工作建议。

按照这样的思路，根据掌握的材料与了解的情况，稿子可以写出来。再仔细一想：这么大的事情，凭一次"短、平、快"的调查，提出政策建议没有把握；N市经济发展相对好些，他们的做法中西部地区恐怕难以复制；调研中也隐隐约约感到，以地方政府目前的政策措施与财政实力，不足以从根本上解决问题，无论当前还是长远，都需要在更高层面作出新的决策，统筹解决。

出于以上考虑，调查报告跳出常规框架，以下岗职工的座谈会发言为主体，原汁原味地报告下岗职工的真实情况与困难境遇。在此基础上，适当分析再就业工作的进展，面临的严峻形势，突出问题，调查中的初步感受等。报告的着眼点不是总结经验，不是提出建议，而是如实反映第一线情况。

调研报告的写作，没有一定之规，不一定"情况、问题、建议"老三段，而要根据调研的主题、掌握的材料、研究的深度而定。例如，"某某问题值得高度关注"，上报信息，引起关注，起示警作用；"某地招商引资新对策"，总结经验，推动工作，起引导作用；"关于某某工作的建议"，直截了当，献计献策，对策类的。调研时重点要突出，范围适当放宽，注重系统性，写作时主题要集中，切忌笼而统之，什么都想写，什么也没讲透。

起草报告过程中，有同事善意提醒，这样起草报告恐有不妥。下岗职工反映的问题比较尖锐，言语中流露出埋怨情绪，某种程度的消极无奈，甚至牢骚怪话。这些情况报上去，可能得罪地方，他们担心上级责备；可能得罪主管部门，他们总希望多写经验多报成绩；上级面前也可能不落好，说思想方法不对，一叶障目太片面。我没有那么多想法，下岗职工讲的是实话真话，真相就是这样，甚至还要严重，应该毫无保留如实汇报。

这份调查报告引起重视。主要领导批示，请有关部门做些调查，在适当时间召开一次全国性会议，下岗职工安置是件大事。分管领导批示，有关部门组织调查组，搞得细一些，就当前存在问题提出对策，为全国性工作会议作准备。

又记：1998年5月，国有企业下岗职工基本生活保障和再就业工作会议在北京召开。会议强调，国有企业下岗职工基本生活保障和再就业工作，是当前关系改革、发展、稳定全局的头等大事。各地方、各部门要以对党和人民极端负责的精神，高度重视，加强领导，齐心协力，满腔热忱地做好这项工作。

调研报告是怎样炼成的

附：调查报告

下岗职工访谈录

（1997年8月）

最近，我们对N市下岗职工的情况进行了调查。在市总工会召开的座谈会上，8位工人说了他们的想法，从一个侧面反映了当前下岗职工的工作、生活和心态。

倪某某（女，32岁，原汽车公司饭店服务员，1993年因拆迁饭店停业而下岗）我先后在饭店、水上俱乐部当过服务员，现在为有线电视台代收有线电视费，一家一家楼上楼下跑，多劳多得，每个月大致收入500—600元。厂里每月发生活费200来元，医疗费没报过，目前生活还过得去。我的工作主要是工会介绍的。现在社会上包括许多用人单位对下岗职工有歧视，把我们看成是二等公民，廉价劳力，同工不同酬，工会要为下岗职工撑腰，在工资、劳保和福利等方面讨回公道。国家能否有一些硬规定，维护妇女的劳动权益，希望政府多办一些职业培训班，让下岗职工低费或免费学点技术，方便就业。

严某某（女，40岁，原五金用品厂装配工）我1978年进厂，1995年下岗，每月厂里发生活费150元。爱人早已下岗，每月生活费100元，身体不太好。我在家里待业时间不长，就到两家做钟点工,上午下午各两小时,每月收入300元。今年5月,我又到一家工地做饭,每月500元,三处打工,路上就要跑几个小时,苦是苦点,但是有收入。我丈夫觉得当保姆侍候人,有点抹不开面子。我不怕,劳动光荣,不丢人。我把户主的家务搞得好好的,他们很满意,相互关系不错。当然,如果现在企业要我回去,我还愿意回厂,主要是考虑将来退休的问题。

陈某某(女,30多岁,原家具厂工会干事)我是1996年4月主动下岗的,现在为保险公司推销保险。原单位每月发生活费130元,已经拖欠几个月,快要名存实亡了。我们厂从1993年开始滑坡,领导换了三任,维持到1995年下半年,工资发不出来了,全厂600多工人,三分之一主动下岗。想想真委屈,如果我们在银行、税务部门干,也能干得很好,在企业只能怪命不好。现在30岁左右容易找到工作,事实上大部分下岗职工都可以找到工作,怕的是今后生老病死。不少退休工人领不到退休金,生活困难,他们的今天,很可能就是我们的明天。国家一定要完善养老保险制度和医疗保障制度,这是工人最大的保障。有了这两条,下岗就不可怕。

按:这3位工人的状况与想法,在年纪轻、文化高、有一技之长、下岗较早的职工中有较大的代表性。据综合分析,N市国有、集体企业下岗职工约有20万人,大致占职工总数的15%—20%;下岗职工中有一半左右自谋职业找到了工作,由传统的社会关系结成的劳动力市场已经有了相当基础;一部分职工通过企业生产自救、行业调剂、集体劳务输出、职业介绍等方式得到安置,政府、行业部门的组织作用是明显的;约有25%左右没有工作，失业率约占职工总数的5%左右。虽然下岗对居民生活、家庭、心理等带来了巨大压力，但工人们正在顽强地适应，艰难地适应，从总体上看是稳定的。当前下岗职工最大的思想顾虑，与其说是再就业，不如说是养老与医疗保险问题，既有近忧，也有远虑。看起来，加快完善养老与医疗保障制度，不仅是国有企业改革的迫切需要，也是安定人心特别是稳定城市居民的重要基础。

方某某（男，50岁，老三届，1968年当兵，退伍后到钢铁厂工作，车间主任，1997年下岗）我进厂快30年了，亲眼看着厂子从小到大发展起来，又眼巴巴地看着企业垮下去。钢厂是个中型企业，4000多职工，已经下岗一半多，每个月发生活费100多元。我今年50岁了，辛辛苦苦干了几十年，一下子突然下岗，心里想不开。下岗期间，我厂一个50多岁的生产调度跳楼身亡，一位30多岁的女操作员服毒自杀。我的身体干垮了，原以为年纪大了厂里可以养着，现在厂里靠不住了。我对小青年说，干活悠着点，干出了成绩是厂长的，干垮了身体是自己的。

戴某某（男，35岁左右，当兵退伍后1981年进钢铁厂，钳工班长，开会时带来一包"先进证书"）我一直是厂里的先进工人，当过技术能手、青年十佳、先进班组长、公司先进个人等，证书有十几本，没想到最后发的一本是下岗职工证书，真寒心。我们是在毫无思想准备的情况下突然失业的。企业没有什么交代，也没有给我们做思想工作。企业没搞好，工人心里不好受。精神支柱在哪里？组织在哪里？面对现实，下岗工人当然要有正常心态，但现在光靠我们工人自己不行，需要政府、党组织的帮助。我有技术，前一阵在一个私营老板处干活，每月800元。工资不算少，但路太远，以前受过工伤，身体吃不消，只好辞职另谋出路。希望政府理解、关心和帮助下岗工人，对劳模要有适当的保护措施。

孙某某（女，38岁，纺线厂电焊工）我电焊工干了19年，上个月因工厂兼并下岗，离岗不离编，每月生活费100元，医疗费不报销，到45岁办内退。小孩要上高中，开销加大。爱人50岁，结核性哮喘，已经下岗，每月200元，有时在街头卖点小菜，被纠察撵得到处转，挣不了几个钱，进市场费用高，本钱不够，他身体也吃不消。我的工作不好找，许多单位不要女的，又嫌年龄大。前几天到一家单位面试过，技术合格，说好试用3个月，每月400元。3个月后怎么办？不少单位以试用期为名义，骗取廉价劳动力，我担心试用期满不要我。我体力好，只要有工作，清洁工也干，就怕生病，药费不能报，个人看不起。我现在不能说是绝望，至少可以说是失望，只盼新的用人单位劳保福利好一些。

按：这3位职工的情况，在下岗时间不长的中年职工中有相当的代表性。在失业保障制度不完善、就业机制不健全的情况下，工人突然下岗，不少人一下子难以适应，手足无措。国有企业工人特别是产业工人，曾经为国有经济的发展、国家的建议作出了贡献，现在又在结构调整中作出了牺牲。从某种意义上说，国有经济的调整与搞活，是以相当数量工人的下岗为代价的。如何为下岗职工提供就业帮助，保障他们的基本生活，做好思想工作，稳定职工情绪，不仅是经济问题、社会问题，也是政治问题，值得高度关注。

连某某（女，45岁，老三届，原来在元件厂工作，特困企业特困职工）我1995年下岗，先后当过商店营业员、饭店服务员，卖过报纸，现在已经两个多月没有工作。丈夫去年去世，一个小孩上中学。厂里每月发150元生活费，总工会特困补助每年1000元，生活极其困难。小孩身体不好，看病花了3000多元，药费无处报销，都是借来的。我有心脏病，有病不敢去医院，有时借别人的病历拿点药。房子一下雨就漏，没人管。我光靠自己的力量无法克服困难，小孩怎么办？将来我年纪大了怎么办？

按：目前职工生活突出困难的有两种情况。第一种是像连某某那样，因病因残因故无法正常就业、需要民政救济的特困职工。以家庭人均收入不足120元算，N市共有1450户。这些家庭已经由总工会建立档案，每季度救济200—300元，小孩上学学费全免，新增房租减免70%。如果按家庭人均月收入不足140元算，全市至少有2500户需要救济，而人均收入140元目前是难以维持城市最低基本生活的。救济标准低，主要是资金不足。现在下岗职工中，原单位发的生活费大多在100元左右，不少企业开始欠发、减发或停发，减发或停发面越来越宽。在失业救济不健全、生活费停发的情况下，如果职工长期不就业或再就业后二次下岗，失去收入来源，就会陷入困境。第二种情况是退休金欠发或减发。一些企业停产后没有收入，养老金统筹交不起，按全额上缴、全额下拨的养老保险制度规定，企业退休职工的养老金没有着落。现在城市上"街"、上"路"、上访的主要是退休工人。在N市调查期间，发生过两起退休工人上"路"上访的事件。

徐某某（女，近50岁，电机公司留守职工）我1970年进厂，当时全厂只有200多人，后来扩展到1200多人。今年1月6日，企业说是放假，只有40多人留守，1000多人下岗。企业经营不好的主要原因是合资失败，两年亏损2000多万元。1—2月份发80%工资；3月工资发不出，工人堵路，每人发了180元；4月份闹到局里，发了140元；5月份每人发了70元。我家两口都是这个厂的职工，小孩上高中，现在还住在18平方米的房子里。我们对企业有感情，渴望厂里还能恢复生产，再活起来，哪怕一定时期不拿工资也行，只要厂子转起来就好。这样，退休工人的养老金有保障，我们工人也有工作岗位。

按：希望停产半停产的企业恢复生产，重新回到原来的工作岗位，不少下岗职工都有这样的想法，反映了他们对企业的感情和留恋。据了解，今年N市的中央直属企业经营形势相对好些，但地方企业困难加剧，一半以上的企业停产半停产，行业亏损严重，两三年内改变这种状况前景尚不明朗。今后几年，地方工业企业不仅难以增加新的就业岗位，相反还会有不少职工下岗，就业形势将更加严峻。在调整结构、发展经济的过程中，如何处理国有企业改革中减人增效与扩大社会就业的矛盾，如何处理扩大就业、经济增长与抑制通胀的关系，如何维护社会稳定，亟待统筹考虑，进一步研究。

把情况摸清　把问题找准　把对策提实

——关于下岗职工再就业问题的深度研究

摸清情况，找准问题，提实对策，环环紧扣，层层递进，这是对调查研究提出的很高要求，真正做到就不容易了。

1997年夏天，北京、上海、天津、重庆以及沈阳、西安、武汉、广州、成都、南京等10个中心城市研究室，在重庆召开年会，交流工作，探讨业务，我们应邀参加。当时国有企业改革进入深水区，下岗职工越来越多，问题越来越严重，会上会下议论很多，大家都很担忧。我们与同志们商量，就下岗职工再就业问题开展联合调查，10个中心城市提供本市调研结果，我们综合归纳，形成总体报告，上报领导参阅，大家一致赞同。

开展调查研究，必须听取主管部门及相关部门的意见，他们掌握面上的基本情况，对突出问题心中有数，解决问题也有自己的看法。我们召开三个座谈会，分别听取生产办、劳动、民政、工商局、工会、体改委、党校等部门、单位以及专家学者的意见。为了掌握第一手材料，我们直接到外地城市调查，上报"下岗职工访谈录"，收到初步反响。

面上情况有了，点上调查有了，十城市调研报告来了，只能说"摸到"了情况，还不能说"摸清"了情况。

首先，如何界定"下岗职工"概念。一般来说，下岗就是失业，但是我们不用失业这个词，而且下岗与失业确有区别。职工下岗后，离开了原企业原岗位，依然与原企业保持劳动关系，不管有没有找到工作，或多或少可以领取生活费，名义上还可以报销医疗费，某种意义上还是原企业的人。进一步的问题是，下岗后已经找到工作的算不算下岗职工？找到工作又失去工作的怎么算？我们与多部门商议讨论后初步确定，职工从原企业下岗后，只要劳动关系没有转出去，都算下岗职工，一个重要理由是，职工下岗后不管有没有找到工作，都面临共性问题需要解决。

全国到底有多少下岗职工？摸清这个问题是很困难的。一方面，统计不健全，口径不统一，动态变化的，另一方面，企业、地方、部门往往会迟报少报漏报，政绩观念可以理解。一般说来，企业的数据相对真实，工会的数据高于部门，部门的数据高于地方。根据实地调查和多方面信息的综合分析，我们初步估测，城镇下岗职工累计人数占企业职工总数的比重，大约20%，全国合计超过2000万人，大大高于相关部门的统计，这个数据令人吃惊。

多少下岗职工已经找到工作或得到安置？这是需要摸清的第二个问题。各方面说法很不一样，主管部门说一半左右，行业部门估计60%—70%，厂长们觉得70%—80%，有的下岗职工甚至说80%以上都找到了事做。之所以出现这些差异，有信息不对称的原因，有分析角度的不同，还有就是自谋职业很难弄清，当时称为隐性就业，大多没有列入统计。综合分析各方面情况，我们认为，大约70%的下岗职工已经得到安置或重新就业，30%左右暂时没有工作，共有600万人左右。这些下岗职工没有工作，有些是下岗时间不长，重新就业需要一个过程，正在找工作；有些人文化低，年龄大，技能低，身体不好，找工作有困难；有些人择业期望值高，还在等待观望。

下岗职工生活状况如何？这是需要摸清的第三个问题。下岗职工的生活状况，主要取决于是否重新就业，以及再就业后的家庭收入，个体差异较大。我们分为三种情况：以"退养"方式分流下岗的职工，每月从原企业领到工资或"退养金"，再找一份工作，收入比原来高，大多生活较好；已经找到工作的下岗职工，有一定的工资收入，一般来说能够解决生活问题；老弱病残、夫妻双下岗、失业时间较长的职工家庭，主要靠基本生活费或解困金度日，成为城市中新的贫困人口。特别提到，部分老工人退休金被拖欠、减发、停发，社会反响很大，有些下岗职工分散在社会，企业管不了，街道管不着。

职工下岗、再就业与生活情况基本摸清，接下来就是分析原因，找准问题。问题找得准不准，原因分析透不透，直接影响对策建议的质量。一般说来，经济社会发展中出现的重大矛盾突出问题，有主观原因，也有客观原因，主观原因有认识问题、工作问题，客观原因有体制机制或社会条件限制。我们分析下岗职工及再就业问题，大致就是这样的思路：养老保险制度不衔接，社会保障制度不健全，这是体制问题；劳动力市场分割严重，这是工作问题；资金不足矛盾突出，建立再就业中心遇到困难，这是具体问题。这些问题光靠部门、地方难以解决，需要在更高层面作出决策、统筹安排。

研究下岗职工再就业问题，不仅要顾及当前，还要考虑长远，不仅要研究局部，还要着眼全局，进行系统化思考。在分析下岗职工再就业现状同时，我们预测，今后几年城镇就业压力还将进一步加大，失业率可能达到7%左右，东北一些城市可能接近10%。同时提出，在2010年前，全国城镇失业率保持在5%以内，可视为充分就业，作为政府宏观调控的基本目标；实际失业率达到7%—8%，社会或可承受，压力较大；实际失业率超过10%，可能引起严重的社会不稳定，应该视为城镇失业警戒线。

提出对策建议，既不能大而化之、空洞无物，也不能头痛医头、脚痛医脚，既要有大的思路，也要有具体做法，突出针对性、可操作性。我们提出的对策建议，不是头脑里早就有的，不是拍脑袋想出来的，而是调研中广泛听取各种意见，展开不同意见的讨论，逐步深化认识、民主集中的产物，调查研究的过程，就是虚心请教、集中群众智慧的过程。

解决下岗及再就业问题，必须从大局出发。我们提出处理好四个关系：一是职工下岗及再就业与国有企业改革的关系。国企改革的主调不能变，步伐不能停，只有加快改革促进发展，再就业问题才能得到解决。二是政府指导与市场配置的关系。政府有不可推卸的责任，但不能都包下来，主要靠市场配置，鼓励和支持下岗职工特别是年轻人自谋职业。三是社会保障与促进就业的关系。解贫济困等社会保障要做好，工作着力点是促进就业，满足职工的劳动要求，从根本上减轻社会压力和社会负担。四是无情下岗与有情操作的关系。强调做耐心细致的工作，提高下岗职工重新就业创业的自信心，动员社会各界为再就业出力。

在具体操作层面，提出三个方面建议。一是调整就业结构，这是扩大就业的主攻方向。大力发展社会急需的第三产业，积极发展多种所有制经济，实行灵活的就业方式，广开就业领域，拓宽就业门路，多渠道促进就业。二是促进职工自谋职业，这是市场经济条件下社会就业的主要方式。提出加强就业服务、开展技能培训、培育劳务市场等建议，特别要关心最困难、最需要帮助的下岗职工。三是为下岗职工构筑多道安全网，这是实际问题，也是制度问题。共五条：规范发放基本生活费；落实最低工资制度；统一衔接养老保障制度；解决退休工人领不到退休金的问题；建立居民最低生活保障制度。

对策建议最后一条，加强劳动就业的宏观调控与管理，不是泛泛而谈，背后实有所指。为了缓解城镇就业矛盾，不少城市把清退农民工进城或控制使用农民工作为一条硬措施，我们建议把握好度，合理控制，重点在合理，而不是控制。有些城市强行要求企业在规定时间内下岗多少人，我们建议审慎操作、适当调控，避免大批职工同一时段集中下岗，社会震动太大。

调研报告上报后，得到领导充分肯定，首页批示写了长长一段，文中五六处划上实线。在"大力发展社会急需的第三产业"处批注，"还要立个课题，进一步具体化"；在加强职业培训一段批注，"要与有吸纳就业的实体合作培训，也可以推荐就业，这样培训就更加有针对性，亦可以较好发展"；在帮助困难职工一段批注，"基本生活保险不能过高，过高就会形成高福利国家产生的后果。但对特难的下岗职工单靠基本生活保险显然是不够的，要推动各种形式的社会救济"。调研报告中提出的对策建议，有些被吸纳到下岗职工基本生活保障和再就业工作的相关文件之中。

又记：查阅国家统计局数据，1997年全国国有单位职工人数10765.9万人，2002年滑落到7162.9万人，五年减少3600多万人。如果去除非企业国有职工和退休等正常减员，国企下岗职工超过2000万人，在国企改革攻坚、建立现代企业制度的阵痛中基本保持了社会稳定。

调研报告是怎样炼成的

附：研究报告（节选）

下岗职工再就业：当前的问题与我们的建议

（1997年12月）

今年以来，我们组织北京、上海、天津、重庆，以及沈阳、西安、武汉、广州、成都、南京等10个中心城市研究室，对下岗职工再就业问题进行调查研究，有关情况和建议报告如下：

一、对下岗职工比重的初步估计

下岗职工，通常是指离开原工作岗位，但仍在原企业保留劳动关系的人员。包括停薪留职、内部退养、提前退休、放长假、厂内待岗、"两不找"、转岗人员等，其中不少人已经重新找到工作并有稳定收入，只要劳动关系没有转出去，目前在统计上仍旧算作下岗职工。

全国下岗职工累计人数有多少，目前说法不一，公开的数据是1000万人。据我们了解，各地对下岗职工的统计是不完善的，统计口径很不一致。大部分城市按累计人数算，少数城市不包括已经安置或再就业的人员，有些城市职工下岗6个月以上才列入统计。部分企业不能及时申报，有些干部也愿意少报一点，因此，下岗职工的实际人数，大大高于正式上报的人数。

沈阳市今年5月对国有、集体、外资企业进行了一次全面普查，结果表明，下岗职工占企业职工总数的28.9%；上海市累计下岗职工109万人次，比重为24%；天津市下岗职工比重为20%。这三个城市统计比较健全，数据可信度较高。重庆、武汉、西安、南京市下岗职工的情况大致与天津类似；北京、成都、广州市下岗职工比重相对低一些，不到10%。以上10个城市综合起来看，下岗职工占企业职工的比重在20%左右。就全国而言，中西部地区特别是老工业基地下岗职工的比重，高于东部沿海地区城市，中小城市要高于中心城市，地方企业、小型国有企业高于部属企业、大中型国有企业。根据统计年鉴推算，现在全国国有、城镇集体企业职工大数是10500万，其中国有企业职工7500万，城镇集体企业职工3000万，如果全国城镇下岗职工按20%的比重计算，那么目前全部下岗职工累计人数大约2000万人，是公开数据的两倍。

下岗职工具有结构性调整的明显特点：（1）主要分布在第二产业，集中在纺织、轻工、机械、化工等行业，这些行业的下岗职工比重大多超过1/3。重庆市纺织行业下岗职工比重高达70%，西安二轻系统56.5%，武汉电子行业45%。（2）部分下岗职工是企业减员增效及兼并等原因引起的，大部分人员因企业停产半停产造成，这些企业帮助下岗职工内部就业与生活保障的能力严重不足。（3）在下岗职工中，35—50岁的中年人占60%，初中及初中以下文化的占70%，妇女占60%，非技术一线工人占70%。年龄大、文化低、职业技能单一，给下岗后直接参与劳动力市场竞争、重新就业，带来许多困难。

二、下岗职工再就业的基本情况

职工下岗是国有企业改革和产业结构调整的结果，关键要看下岗后大多数人能否重新找到工作或得到妥善安置。调查显示，各地对下岗职工的再就业和生活保障是重视的，效果是明显的。我们在几个城市召开座谈会，了解当前下岗职工再就业或安置的比重，劳动部门一般认为50%左右，行业主管部门认为大约60%—70%，厂长们觉得达到70%—80%，下岗职工一方面叫苦，一方面又说80%以上的人都找到了事做，真正没有工作的只是少数。之所以出现估测上的差异，主要是职工自谋职业的情况很难弄清，称为隐性就业，现在大多数没有列入统计。综合分析各方面情况，现在全国2000万左右的下岗职工中，约有70%已经得到安置或重新就业，30%左右没有工作。北京、上海、天津市下岗职工安置或就业率在80%左右，老工业基地如沈阳、重庆、西安、武汉下岗职工多，人员分流任务重，安置和就业率相对低些。

综合起来看，各地对下岗职工进行人员分流与促进就业，主要有三种方式：第一种是退养，约占下岗职工总数的20%左右（略）。第二种转岗，约占下岗职工总数的15%左右（略）。第三种自谋职业，约占下岗职工总数的35%左右（略）。

大体说来，现在全国城镇2000万左右下岗职工中，约有600多万人没有工作。这些人没有工作，主要有四种原因：一是下岗时间不长，重新就业需要一个过程，正在找工作。二是文化低，年龄大，体弱多病，部分女职工、残疾人等，就业竞争力相对弱些，寻找工作有困难。三是就业观念没有转过来，等待观望，择业期望值过高，与市场需求脱节。四是由于家庭经济状况较好或其他原因，暂时不想就业。不难看出，下岗失业职工中的第一类、第二类人员，是政府促进再就业和提供生活保障的重点对象。

三、下岗职工的生活和心态

下岗职工的生活状况如何，主要取决于是否重新就业以及就业后的收入多少，相互之间差异较大。大体可分为三种情况：

（一）以"退养"方式分流下岗的职工，生活状况较好。他们每月从原企业领到工资或"退养金"，另外再找一份工作，两项收入相加，有时甚至比原来还高。

（二）转岗或自谋职业的职工，一般来说能够解决生活问题。由企业或行业主管部门安排重新就业的人员，自谋职业者中"停薪留职"、"两不找"、"放长假"的人员，以及那些年纪轻、文化高、有技术专长或管理经验的人员，大多有了相对稳定的工作和收入，能够保持一般居民的生活水平。

（三）部分下岗失业人员生活比较困难。特别是那些老弱病残、夫妻双下岗、失业时间较长的职工家庭，主要靠基本生活费或解困金度日，生活相当困难。沈阳市家庭人均月收入85元以下的下岗职工有3.77万人，占下岗职工总数的10%，重庆人均月收入不足120元的下岗职工家庭有2.3万户，这部分人已经成为城市中新的贫困人口。在城市退休职工中，一部分人退休金被拖欠、减发、停发，生活陷入困境，有时引起几百人甚至上千人集体上访、上街、堵塞公路，社会反响很大。

职工下岗，从捧着铁饭碗到失去工作，不仅在经济上生活上有压力，也在心理上造成很大的冲击。从总体上看，下岗职工对党和政府是信赖的，思想情绪比较稳定，但心理失落感、社会不满情绪也在滋长。老工人年轻时工资低，现在退休金不多，还要欠发停发，意见大。中年职工特别是老三届知青，当年上山下乡，回城后好不容易找到工作，现在不到50岁又下岗了，有怨气。青年工人下岗后，择业高不成低不就，牢骚多。一些城市社会治安恶化，与下岗职工特别是失业人员增加不无关系。在下岗职工特别是失业人员较多又集中居住的社区，有几种情况容易引起躁动：企业突然减发或停发基本生活费；对企业负责人的严重腐败处置不当；在处理劳动关系和医疗保障等问题时，方法简单粗暴，激化矛盾。一些企业长期停产，职工分散在社会，企业管不了，街道管不着，思想工作和行政管理是薄弱环节。

四、再就业工作中的主要问题

（一）养老保险制度不衔接。职工下岗后，在原企业的工龄是否认账？将来如何兑现？谁来养老？这个问题不清楚，人们特别是中年职工普遍有后顾之忧，这是影响下岗职工合理流动最大的制度障碍。一些老工人领不到退休金，给人们以强烈刺激，工人们忧虑地说，他们的今天，很可能就是我们的明天。因此，下岗职工不管有没有找到工作，都不愿意与企业脱离劳动关系。结果人下岗了，不创造产值，企业仍然要承担其社会统筹与基本生活费，人均费用相当于在岗职工费用的1/4，企业的负担没有减下来；接纳下岗职工的单位不承担社会保障义务，廉价使用劳动力，造成企业之间市场竞争新的不平等。职工劳动关系仍在原企业，阻碍人员的合理流动，不利于形成市场配置、竞争效率的劳动就业机制。

（二）生活保障制度不健全。现在大多数城市有失业救济金、下岗职工生活费、特困职工解困基金、居民最低生活保障、"送温暖"工程等，发挥了积极作用，但也存在资金分散、多头管理、效率不高的问题。下岗职工生活费的发放标准不一，部分新下岗的职工只能领到少量甚至领不到生活费，不少人早就找到了工作还在领钱，有些企业停产多年，贷款发放生活费，最终包袱甩给财政或银行。解困基金资金不足，沈阳市特困职工得到解困救济的不到 1/3。面向全体居民的最低生活保障制度还没有全部建立起来，覆盖面窄。

（三）劳动力市场分割严重。各部门自成体系，有人才市场、毕业生分配市场、劳务市场、再就业市场、"托管中心"等，相互封闭，信息重复。职业介绍机构少，不能及时准确地沟通劳动力供求信息。以职业介绍为名进行诈骗的现象时有发生，使下岗职工雪上加霜。职业培训严重滞后，影响了下岗职工转岗转业能力。下岗职工再就业后的合法权益不能得到有效保护，雇佣方挑剔责难、压低工资、随意辞退的现象严重存在。

（四）资金不足矛盾突出。目前用于再就业和生活保障的资金，主要是"三家抬"。下岗职工所在企业大多停产半停产，负担不起。行业主管部门资金来源不足，调剂余地小。地方财政资金大多是临时筹措，有些是银行贷款，财政付息，本金企业还不了，利息财政背不起。资金来源不稳定不规范，零打碎敲，不能适应下岗职工日益增多、促进再就业和保障基本生活任务越来越重的需要。

（五）建立再就业中心遇到实际困难。一是资金问题。沈阳市计划今年进入再就业中心的失业职工有5135人，下岗职工17347人，按规定需缴纳托管费2.5亿元，即使几家抬，一下子也拿不出这么多钱来，托管成本太高。二是职能问题。再就业中心作为行业服务性机构，七八个工作人员，要承担几千名甚至上万名下岗人员的行政管理、职业介绍、技术培训、生活费发放、解困等工作，力不从心。三是职工有顾虑。各类再就业中心普遍规定，如果被托管人员两年内两次不接受中心介绍的工作，就要终止托管，与原单位解除劳动关系。下岗职工担心养老问题没着落，心里不踏实，许多人不愿意接受托管。

五、对城镇失业率的分析和预测（略）

六、促进再就业的基本认识和思路

从近几年各地的实践看，实行人员分流、职工下岗、促进再就业的积极作用是显而易见的：部分行业和企业分流人员后，劳动生产率明显提高；城市第三产业增长速度加快，比重上升；劳动力流动和竞争，抑制了平均工资过快增长的势头，促进了就业制度的改革与劳动力市场的发育。总起来看，职工下岗是我们对国有经济和产业结构主动进行战略性调整的结果，为经济改革和发展带来了新的契机与动力，这是职工下岗不同于国外工人失业的重要特点与区别。

在加快国有企业改革和经济结构调整的过程中，部分职工下岗和人员流动，切身利益受到损害，生活遇到暂时困难，这是难以避免的，是深化改革、促进发展不得不付出的沉重代价。市场竞争优胜劣汰，即使将来企业改革到位了，也仍然有工人下岗。

必须看到，目前我国社会保障体系不健全，在这种情况下，几千万职工陆续下岗，直接涉及千家万户居民的工作与生活，事关重大，绝不能掉以轻心。改革和发展的最终目的，是使全体人民都富裕起来。在这一过程中，如果大批下岗工人长期无活干、无饭吃，那就违背了改革和发展的初衷，就会失去人心，社会不得安定，改革无法进行，经济发展最终也会遭受挫折。因此，我们必须下大力气推进再就业工作，搞好基本生活保障，尽最大可能化解职工下岗带来的消极影响。

从建立社会主义市场经济体制的基本目标出发，结合当前实际，搞好下岗职工再就业和生活保障工作，要把握好以下几点：（1）下岗职工再就业问题需要引起高度重视，但人员分流、减员增效、加快国有企业改革的主调不能变，步伐不能停。再就业问题只有通过加快改革和发展才能得到解决，知难而上，势在必得。（2）促进下岗职工再就业，政府有不可推卸的责任，但不能都包下来，主要靠市场配置、竞争就业。要创造有利条件，鼓励和支持下岗职工特别是青年人自谋职业。（3）解困济贫等社会保障要搞好，但工作着力点首先是促进就业。只有这样，才能满足职工的劳动要求，从根本上减轻社会压力和社会负担，维护社会稳定。（4）市场竞争优胜劣汰，无情下岗，但具体操作要有情。要充分理解和依靠广大职工，做耐心细致的工作，提高下岗职工重新创业的自信心和积极性，动员社会各界为再就业出力。

七、扩大就业的主攻方向是调整就业结构

我国农村劳动力流入城市的趋向不会改变，城市劳动力供大于求的总量矛盾长期存在。无论从当前还是长期看，这种矛盾只能通过调整就业结构的办法逐步缓解。调整就业结构需要三管齐下：

（一）大力发展社会急需的第三产业。继续发展劳动密集型产业，如食品加工业、饲料加工业、商业、交通运输业、旅游业、咨询业、服务业等，尤其在重视发展方便居民生活的社区服务、物业管理、家庭服务业等，这些领域就业潜力很大。有条件的地方，也可以向第一产业转移。

（二）积极发展多种所有制经济。广开就业门路，鼓励和引导下岗职工兴办多种形式的合作经济、合伙经济、股份制经济或从事个体经营，鼓励跨地区、跨行业、跨所有制流动，扩大就业空间。

（三）实行灵活多样的就业方式。广泛推行非全日制、临时工、小时工、季节工和弹性工作制。组织下岗失业人员以工代赈，清扫环境，维护交通，植树种草。支持下岗职工从事各种劳务活动。

八、千方百计促进自谋职业

这是市场经济条件下解决就业问题的主要方式。要从工商、税务、信贷、劳动管理、社会保障等方面，制定配套政策，促进下岗职工自谋职业，鼓励企业吸收下岗职工。同时，要加强就业服务，逐步建立劳动力供求信息网络，鼓励开办各种形式的职业介绍机构，及时提供职业信息，加强规范和管理，提高服务质量。各类劳动力市场和再就业中心，都要向社会化服务的方向发展。政府系统的就业服务机构要逐步脱钩，主要面向市场，在服务中求生存。要增加招工的透明度，公开招工，双向选择，在用工上防止行业封锁，减少内部调剂，保证就业的竞争性和公正性。

进一步加强职业培训工作。北京市去年培训社会各类人员8万多人，再就业率达到80%，没有经过培训的再就业率只有20%—30%。要广泛利用学校、技校、培训基地和电视函授等，进行多层次的职业培训和岗位培训，扩大培训范围，提高职工的文化技术素养和再就业能力。加快发展中等、高等职业教育。职业培训一要适应劳动力市场的需求，加强与用人单位的合作，二要有一支好的师资队伍，三要充分利用现有条件和设施，尽量不铺新摊子。

把工作重心放在最困难、最需要帮助的职工身上。下岗职工中需要就业帮助的重点对象，是那些找工作心切、又有一定困难的中年失业人员，大体占下岗职工总数的15%—20%，要及时提供就业指导和技能培训，帮助他们重新就业。生活比较困难、需要重点救助的，主要是夫妻双下岗、因病因残因年龄较大等原因就业能力弱、失业时间较长的人员，既要有就业优先政策，又要注意解决基本生活问题。对下岗职工中的年轻人，要加强思想教育，帮助他们转变观念，促进自谋职业。关于特殊困难行业，中央已有部署和扶持政策，建议今后一并考虑东北老工业基地的问题。

九、为下岗职工构筑基本生活安全网

我国是社会主义国家，政府要关心和解决下岗职工的生活困难。我国是发展中国家，现阶段社会保障水平不可能很高。在市场经济条件下，社会保障必须实行国家、企业、个人合理分担的原则。要发挥两个积极性，中央与地方的积极性，政府与企业的积极性，社会互济与自我保障的积极性，多方筹集资金，搞好下岗职工的生活保障。

（一）规范发放基本生活费。职工下岗后，企业在一定年限内发放基本生活费，有助于缓解下岗带来的生活困难，也是对下岗职工的心理安慰。下岗职工领不到基本生活费或长期失业的，应由解困基金或民政资金负责，保障最低生活。今后，职工下岗要逐步向失业并轨，基本生活费要逐步向失业救济金并轨，特困救济要逐步向居民最低生活保障并轨。

（二）落实最低工资制度。加大劳动监察力度，从劳动合同、劳动时间、劳动保护、劳动工资等多个环节，保护下岗职工的合法权益。

（三）统一养老保障制度。对下岗职工在原企业的连续工龄视同缴费年限，计入个人账户，退休时按规定享受相应的养老保障待遇。与此同时，强制所有用人单位，必须为新上岗的职工办理养老保险，这样做既增加了社会统筹资金来源，又保障了职工的合法权益。

（四）切实解决退休工人领不到退休金的问题。退休工人是国有财产的创造者，为建立我国社会主义经济体系作出了重要贡献。他们在岗工作时，工资收入不高，养老保险费用已经以利税形式上缴给了国家财政，贡献给了社会。现在领不到退休金，应该养起来，由社会统筹与国家财政共同负担，财政兜底。

（五）建立居民最低生活保障制度。下岗职工、下岗失业人员以及重新就业人员在领取基本生活费、失业救济金以及工资后，退休人员领取退休金或领不到退休金，其家庭人均收入仍低于最低生活保障标准的居民，按规定发放生活救济。把保障基本医疗与保障基本生活结合起来，低标准、广覆盖、减轻医疗负担，减少疾病造成的家庭贫困。继续开展社会互助互济活动，注重发挥家庭保障的作用。

在上述社会保障措施中，当务之急要解决的，一是老工人领不到退休金，二是下岗失业人员中的特困职工。这是解决职工生活保障问题的突破口。这几年地方财力增长较快，个人所得税增长较多，只要统筹安排，适当集中一些财力，问题是能够解决的。

保障职工基本生活，促进再就业，从长期看要建立完善的社会保障体系，有规范的资金来源，但短期内还建立不起来，而国有企业的改革又迫在眉睫。在这种情况下，需要有一些过渡性措施。各级财政都要适当增加解困、再就业和社会保障资金。继续从企业和失业保险基金中筹措一部分。除了稳定现有的资金来源外，还可考虑增加新的资金来源，如发行特种国债或地方债券，向社会发行彩票，银行低息或无息贷款，动用出售或租赁国有中小企业的部分收入等，多渠道增加再就业和生活保障资金。要严格管理，加强监督，合理有效地用好这些资金。

十、加强劳动就业的宏观调控与管理（略）

跟踪调查　延伸研究

——关于个体私营经济的两次调查研究

在我的职业生涯中，有过两次关于个体私营经济的调研，一次是1986年，一次是1996年。

先说第一次，领导交办，调查城镇个体工商业。

个体工商业特别是手艺人、小商小贩等，古已有之，所谓"引车卖浆者流"。十年动乱期间，禁止私营经济，限制个体经济，打击投机倒把，割"资本主义尾巴"。1979年底开始恢复和发展个体工商业，其最初动因，不仅为了搞活经济，更多考虑劳动就业，为大量的回城知青、农村剩余劳动力开辟新的就业渠道。这项政策接地气、得人心，城乡个体经济很快发展起来，社会总体评价好的，也暴露出一些问题，有管理问题、政策问题，也有认识问题。民间有个顺口溜："老大靠了边，老二分了田，老九上了天，不三不四挣大钱"，前三句指工人、农民、知识分子，"不三不四"指个体户，反映了大转折初期的某种社会情绪。

1985年底，有位在团中央工作过的老干部给领导写信，肯定发展个体经济的积极作用，同时反映实践中出现的矛盾和问题，包括群众的不同议论，希望有个更加明确的说法。这位领导批示,对城镇个体工商业开展调查研究,进一步制定政策,促进发展。这项调研任务落实到我们单位,成立了专题调查组。

在此之前,"傻子瓜子"引起轩然大波。安徽芜湖有个年广久,自炒自卖"傻子瓜子",从小作坊起步,发展到超过百人的"大工厂",年加工销售瓜子由几万斤猛增到近千万斤,1984年纳税30多万元,自有财产由几千元增加到几百万元,这在当时是个天文数字。树大招风,人们议论纷纷,有人说他雇工太多,是资本家复辟。安徽省委专门派人调查,情况上报中央,有人主张对他"动一动",邓小平的意见是"放两年再看"。1983年中央《关于当前农村经济政策的若干问题》中,提出私营经济"三不":"不宜提倡,不要公开宣传,也不要急于取缔",实际上对私营经济采取容忍、保护的政策。

在国家工商局[①]协助配合下,调查组先在北京调查,了解个体工商业发展一般情况,熟悉相关政策条文,拟定调研方案,确定重点难点。春节过后去外地调研,先后到过的城市有:上海、杭州、武汉、福州、沈阳,江苏的无锡、南通,浙江的温州,福建的晋江。调研的基本方法是听、看、议。听,听政府相关部门汇报,听个体工商户想法,听当地群众意见。看,看小商品市场,看买卖一条街,看早市夜市,人来人往,熙熙攘攘。议,讨论发展中的突出问题,分析其原因,提出解决问题的办法或对策。

经过一个星期调研,我们对个体工商业发展中存在的问题大

---

① 国家工商局为现国家市场监督管理总局。

致有数。这些问题可以分为两类：

一类是"成长"性混乱。个体工商业发展初期，鱼目混珠，坑蒙拐骗、强买强卖、假冒伪劣现象时有发生，街头摆摊影响交通，集市交易噪声扰民，个体工商户申请经营场地难、贷款难等。这类问题大多属于管理问题，可以通过政治引导、法律规范、健全管理来解决，地方同志包括个体工商户在内，大家认识比较一致。

一类是政策性问题。调查中发现，各地都有一批年广久式的个体工商户，率先发展起来，经营规模较大，雇工人数较多，社会反响强烈，大家争议最多的热点，就是如何看待这些"个体大户"。雇工一度是中国的忌讳。个体经济恢复发展之初，明确个体工商户可以请一两个帮手，有技术的带三五个学徒，后来有学者演绎，说政策制定者机械套用马克思论述，雇工超过8人就算剥削，少于8人不算剥削。其实，做出这些规定，初衷是放宽从业人数，回避雇工概念。1982年《宪法》把个体经济定位在"补充"的地位，没有明确私营经济的地位。在这样的社会背景下，如何看待"个体大户"，不仅是经济问题，也是政治问题。

调查组把工作重点聚焦到"个体大户"、即事实上的私营企业上来，请工商局、个体户、地方领导、理论工作者座谈，广泛听取意见，集中讨论三个问题：

（一）如何看待私营企业。大家认为，与个体工商户相比，私营企业在扩大就业、发展生产、活跃市场、增加税收等方面，能发挥更大的作用。当时考虑最多的是就业，城镇回城知青亟待就业，农村劳动力大量剩余，国家与集体不可能一一安置。允许私营企业雇工经营，能够扩大劳动岗位，扩大社会就业。

（二）如何看待雇佣劳动。理论工作者提出，生产关系必须适应生产力，现阶段社会生产还很落后，允许雇佣劳动存在，有利于生产力发展。按照"普照的光"的原理，我国社会主义基本制度已经确立，在政治、经济、文化、社会生活中起主导和支配作用，允许雇佣劳动存在，不会影响我国的社会主义性质。

（三）如何看待私企业主暴富。分析认为，私企业主的较高收入，或来自资本投入，存在市场风险，理应得到回报；或来自经营管理，管理也是劳动，而且是复杂劳动，应该有较高报酬；或来自雇佣劳动，前提是足额支付职工工资、依法缴纳税收。鼓励一部分人先富起来，应该保护合法收入，取缔非法收入，调节过高收入。

经过大半年调研，综合各方面意见，调查组向上级提交调研报告，建议把发展私营企业摆上日程，提出"允许存在、加强管理，兴利抑弊，逐步引导"16字方针。现在看来，"允许存在"似乎过于保守，当初却是反复讨论、斟字酌句。中央提出"看一看"、"三不"政策，调查组不能逾矩，我们相信，只要允许存在，不取缔不禁止，私营经济能够发展壮大。重大政策的调整，需要时间与机遇，过于峻急社会震动太大，往往欲速则不达，一步一步往前走，很可能功到自然成。

关于私营经济方针政策的突破，是1987年10月召开的党的十三大。十三大报告提出："私营经济是存在雇佣劳动关系的经济成分"，"目前全民所有制以外的其他经济成分，不是发展得太多了，而是还很不够"，"在不同的经济领域，不同的地区，各种所有制经济所占的比重应当允许有所不同"。1988年4月12日，第七届全国人民代表大会第一次会议通过宪法修正案，规定私营经济是社会主义公有制经济的补充，私营经济的合法地位得以确立。

1996年，我们再次组织个体私营经济调查。这时个体私营经济已成气候，人们议论较多的问题有三个：一是党员能不能办企业，有人干脆提出，当私企业主就不能要党票，要党票就不能办企业，两选一。二是如何处理"假集体"企业，不少企业注册为集体企业，有些是挂靠企业，实际上是私营企业，有些同志主张严格清理。三是如何看待私营企业主这个新阶层，政治上是否可靠，如何评价他们的社会要求。我们重点调研后两个问题。

分析研究个体私营经济发展中的突出问题，必须弄清个体私营经济发展的基本情况，局部问题只有在全局框架中才能看得明白。我们综合分析"八五"时期个体私营经济发展情况，从发展速度、经济比重、企业规模、社会参与四个方面，用大量数据说明，个体私营经济已经成为我国社会经济生活中一支不可忽视的重要力量。在此基础上，提出"九五"时期发展建议：一、把发展个体私营经济与调整农村产业结构、转移剩余劳动力、加快小城镇建设和农民脱贫致富奔小康结合起来；二、鼓励个体私营经济吸纳国有、集体企业下岗职工，支持下岗职工从事个体私营经济；三、加强对个体私营经济的产业导向，引导个体私营经济增加投资扩大生产；四、把发展个体私营经济作为振兴县域经济、贫困地区脱贫致富的重要途径。

关于"假集体"问题，研究方法还是摸清情况，层层分析。

先界定"假集体"概念与范围,再分析其数量及种类,根源及危害,处理"假集体"的不同主张。我们的建议是积极慎重,先试点再推开,两三年内逐步解决。积极是套话,慎重是实质,延续十年前的思路,发展中的问题必须在发展中解决,发展是硬道理,切不可清理"假集体"大动干戈,影响个体私营经济发展好势头,全面落实各项政策措施,为各种经济成分提供平等发展的外部环境,才是解决"假集体"的根本办法。

对私营企业主的政治判断与社会评价,既是热点问题,也是敏感问题。调查报告运用大量的数据,分析私营企业主的社会构成、组织现状与组织愿望、对社会地位的自我评价和要求,肯定这个新社会阶层的主流是好的,是建设中国特色社会主义的重要力量,其组织要求政治要求具有一定的合理性,要加强教育与引导,合理的适当满足,模糊的要注意引导,错误的批评教育,团结广大个体劳动者和私营企业主,充分调动一切积极因素,为社会主义现代化建设服务。

回忆两次个体私营经济的调研活动,想起当年举国上下锐意改革的沸腾场景,写下以上文字,留下社会转折中的若干片段,算是重温改革开放的初心吧。

附：研究报告（节选）

中国个体私营经济发展报告

（1996年12月）

一、个体私营经济已经成为中国社会经济生活中一支不可忽视的重要力量

"八五"时期，特别是1992年邓小平同志南方谈话和党的十四大以来，我国个体私营经济发展加快，经济比重扩大，社会影响增加，成为一支不可忽视的重要力量。

（一）发展速度。1995年底，全国登记注册的个体工商户2528万户，从业人员4614万人，与1990年相比，分别增长90.4%和120%；私营企业65.5万户，从业人员956万人，分别增长7.7倍和4.6倍；个体私营经济注册资金4435亿元，增长8倍；工业产值12961亿元，增长2.9倍；社会消费品零售额6362亿元，增长3倍多；向国家缴纳税金437亿元，增长2倍。

（二）经济比重。个体私营经济从业人员占全国社会劳动者总数的10%左右，工业产值占全国工业总产值的13%左右，社会消费品零售额占全社会消费品零售总额的31%，税收占全国税收的8%。

（三）企业规模。1995年底，全国注册资金超过100万元的私营企业有3.9万户，雇工100人以上的私营企业4000多户，企业集团474家。对1994年全国500家大型私营企业的综合分析表明，这500家企业平均注册资金1554万元，户均雇工395人，户均纳税164万元，户均利润385万元，户均企业净资产3130万元，其中年销售收入或营业收入超过1亿元的有41家，净资产超过1亿元的33家。

（四）社会参与。据全国工商联不完全统计，近几年私营企业主当选或推荐为县以上人民代表5400多人，政协委员8600多人，团委委员1400多人，其中全国八届人大代表8名，八届全国政协委员23名，共青团十三大代表8名。在贵州省、湖南省、沈阳市工商联执委中，个体私营经济代表人士占一半以上。

目前我国个体私营经济的统计是不完整的。在实际生活中，个体私营经济户数、从业人数、规模及所占比重，都要比统计数据高。一方面，个体经济中有相当多的无照经营者，不少私营企业戴着集体经济的帽子，这些经营者没有纳入个体私营经济统计；另一方面，已经登记注册的个体私营企业上报的资产、营业额或产值、盈利状况等，往往低于实际数。据农业部[①]乡镇企业司统计，1995年乡镇企业中，个体、联户企业2041万户，占乡镇企业总户数的92.7%；就业人数6801万人，占乡镇企业就业人数的52.9%；国内生产总值5236亿元，占乡镇企业国内生产总值的35.9%；营业收入25257亿元，占乡镇企业营业收入总额的44%。农村的个体、联户企业，基本上属于个体私营经济。乡镇

---

① 农业部为现农业农村部。

企业司提供的农村个体、联户企业的这些数据，都高于国家工商局[①]提供的全国个体私营经济数据。

从总体上看，我国个体私营经济的发展是健康的，在发展生产、搞活流通、扩大就业、增加财政收入、方便和改善人民生活、促进社会稳定等方面，发挥了不可替代的作用。与此同时，也存在一些问题，突出的是：认识不统一，有些人把个体私营经济看成是异己力量；有些地方重发展轻管理，政府引导和服务不到位；少数个体私营业主腐蚀国家公务员和基层干部，助长社会腐败；一些业主违法经营，偷税漏税，制售假冒伪劣产品等。这些问题需要在发展中加以解决。

"九五"时期，我国个体私营经济发展速度会继续高于公有制经济，在国民经济中的比重还会提高。要坚持以邓小平建设有中国特色社会主义理论为指导，进一步解放思想，实事求是，坚决贯彻公有制经济为主体、多种经济成分共同发展的方针，坚持允许一部分人先富起来的政策，把发展个体私营经济的认识统一到"三个有利于"上来，把持个体私营经济发展，依法加强引导、监督和管理。要坚持因地制宜、分类指导的原则，东部地区个体私营经济在发展和提高的同时，搞好管理和规范，为其他地区提供经验。中西部地区特别是贫困地区发展个体私营经济，可以更放手一些，更大胆一些，充分发挥个体私营经济转移农村剩余劳动力，调整产业结构和振兴地方经济的作用。进一步深化改革，转变政府职能，加快培育和发展市场，创造多种经济成分

---

① 国家工商局为现国家市场监督管理总局。

共同发展的好局面。把个体私营经济纳入国民经济和社会发展规划，综合运用经济、法律、行政、思想教育等手段，引导个体私营经济持续快速健康发展。

（一）把发展个体私营经济与调整农村产业结构、转移剩余劳动力、加快小城镇建设和农民脱贫致富奔小康结合起来。引导个体私营经济发展大农业，投资农业规模开发，发展种植业、养殖业、畜牧业和与之配套的服务业、流通业和加工业，振兴农村经济，增加农民收入。

（二）把发展个体私营经济与搞活国有经济结合起来。鼓励个体私营经济吸纳国有、集体企业下岗职工，支持国有、集体企业下岗职工从事个体私营经济。支持个体私营经济为国有大中型企业的生产配套服务。允许个体私营经济以多种形式参与国有企业改革、改组、改造，优势互补，促进国有企业结构优化。

（三）加强对个体私营经济的产业导向。鼓励个体私营业主发展高科技产业、出口创汇产业和环保产业，发展市场急需的第三产业。进一步放宽行业准入的限制，鼓励个体私营经济投资建设中小型基础设施和公共设施，如地方铁路、公路、桥梁、电厂、水库等。给予具备条件的大型私营企业自营进出口权。

（四）引导个体私营经济增加投资扩大生产。加快技术进步，加强科学管理，提高产品质量、竞争能力和经济效益。教育个体私营经营者依法合理开发和利用资源，保护生态环境。

（五）加强对个体私营经济的行政管理和监督。

二、把发展个体私营经济作为振兴县域经济和贫困地区脱贫致富的重要途径（略）

三、积极慎重地处理"假集体"企业

"假集体"主要是以集体所有制名义登记注册、从事经营，企业资产全部或大部分属私人所有的企业。"假集体"在全国普遍存在，数量到底有多少，一时谁也说不清。1988年《私营企业管理暂行条例》颁布前，工商部门估计全国有私营企业20多万户，但当年登记注册数不到1/3。地矿部[①]矿管司1994年的一项调查表明，在全国集体矿山企业中，"假集体"约占30%左右，贵州乡镇集体矿山企业中，85%是"假集体"。四川省调查，在城镇歌舞厅经营者中，"假集体"约占80%。沈阳市反映，近几年乡镇、街道办的第三产业中，约有一半是以集体名义登记的私营企业，全市登记注册的私营企业有1万多户，"假集体"大约有5万户。广州市区、街道集体经济中，以挂靠方式进行经营活动的"假集体"比重高达80%以上，尤其以民政、侨联、台属、教育等系统和开发区、街道为最。国家工商局[②]对全国16个省市17.8万户集体企业进行抽样调查，其中企业资产51%以上为私人所有的企业占20.8%。按这个比例算，目前全国有"假集体"企业100多万户，相当于现有私营企业统计数的2倍。不少人认为，这个比例和数字与实际情况相比，还是低一些。

"假集体"种类很多，主要有以下几类：1.挂靠企业。这类企业由私人或私人合伙出资，挂靠在机关、团体、事业单位等主

---

① 地矿部为现国土资源部。
② 国家工商局为现国家市场监督管理总局。

管部门,持有集体企业营业执照。前几年主要有"假村办企业"、"假校办企业"、"假福利厂"、"假知青厂"等,近几年蔓延到街道居委会办的"第三产业",党政机关、社会团体办的"经济实体"。2. 股份制企业。一种是企业资产名义上为兄弟姐妹、父母妻子或者亲朋好友共有,实际上是私人独资;一种是2人以上合伙经营或联户经营,或者2人以上、30人以下出资成立有限责任公司,登记为集体所有制企业;还有一种是个人承包或租赁本小利薄的集体企业,经营多年后,企业资产、经营规模甚至企业名称、归属都发生了大的变化,企业资产、经营和利润由承包人或租赁人支配,原来的集体企业蜕变为私营企业。3. 近几年兴办的民办科技实业、信息咨询业、律师事务所、婚姻介绍所等。在登记注册的军办企业、外资企业和国有企业中,也有一些事实上的私营企业。

产生"假集体"的原因比较复杂。首先是政策上的原因。目前在税收、信贷、经营范围、收取费用等方面,国有、集体企业享有一定的优惠。为了享受这些优惠政策,一些个体私营企业就改变本来面目,挂靠或登记为集体企业。其次是法制不健全,管理上有漏洞。投资人和登记机关既可以把个人投资经营的合伙企业、联户企业或有限责任公司登记为私营企业,也可以登记为集体企业,在界定所有制性质方面不规范。三是经济上的原因。私营企业戴上红帽子,经济上得到好处;挂靠单位不用投资,可以坐收渔利。第四是社会政治原因。有些地方规定,凡投资者3人以上的企业,一律登记为集体企业,以显示发展集体经济的政绩。部分私营企业主对政策不摸底,挂上集体经济招牌,感到政治上保险。

"假集体"的危害是严重的。一是个体私营经济底数不清，势必影响决策的科学性和准确性。二是企业产权关系混乱，民事责任主体不清。一方面，"假集体"企业在经营中出现经济纠纷，或者出现诈骗行为，或者经营不善导致破产时，被挂靠单位不可能也无法承担相应的法律责任。另一方面，被挂靠单位以所有者名义提出平调、摊派、干预或其他要求，可能引起产权纠纷。三是增加了行政管理上的困难。"假集体"企业挂靠单位基本不管，个体私营经济管理部门管不着，是行政管理的薄弱环节。四是容易引发经济犯罪和消极腐败现象。不法分子打着集体企业牌子招摇撞骗，扰乱经济秩序，既损害了群众利益，也败坏了党政机关和集体企业的名声。"假集体"使国家税收流失，挂靠部门增设小金库，权钱交易，损公肥私。

对"假集体"企业有两种不同的主张。工商、税务等部门从执法和管理的角度考虑，认为"假集体"危害很大，主张严格清理。也有些同志认为，"假集体"清理起来难度大，在事实上存在政策不平等的条件下，允许"假集体"在一定范围内存在，有利于社会生产力发展，主张再看一看。我们认为，"假集体"企业虽然在弥补部门、基层经费不足方面起到一定积极作用，但利是表面的、局部的、暂时的，而弊是深层的、整体的、久远的，总的看弊大于利。为了规范经济秩序，必须从实际出发，积极稳妥地处理"假集体"企业。

（一）严格把好登记关，防止产生新的"假集体"。要严格执行有关规定，党政机关、社会团体、事业单位、国有企业和集体企业，均不得出具虚假证明，使私营企业登记为国有企业或集体企业，对违反者要依法追究责任。私营企业不得以国有企业或集体企业名义登记注册、从事经营，违反规定者，予以查处并追究相应责任。

（二）逐步清理"假集体"企业。结合全国开展城镇集体企业清产核资工作，先把城镇集体经济中的"假集体"清理出来。对挂靠双方在产权问题上没有异议或经过协商能够顺利解决的，重新登记。对双方在产权问题上存有纠纷、产权界定相对复杂的，要在认真评估资产的基础上明晰产权，既要避免国有、集体资产的流失，也要防止对私人合法财产的侵占。在总结经验的基础上，逐步开展农村"假集体"企业的清理工作。

（三）具体操作时既要积极又要慎重。这项工作涉及面广，社会影响大，切忌简单化。清理"假集体"工作能否顺利进行，关键在于作为挂靠单位的党政机关、企事业单位，街道、村镇及社会团体，能不能统一认识，顾全大局，割舍小团体利益。要在政府的统一领导下，工商、税务、挂靠部门等密切配合，先试点再面上推开，争取两三年内逐步解决。

深化改革，为各种经济成分提供共同发展的外部环境，是解决"假集体"企业的根本办法。目前个体私营企业经营者反映的问题，主要是在税收、信贷、场地、收取费用以及劳动用工等方面存在不平等。这些问题大部分在政策方面已经解决，关键在于落实。

四、合理调节个体私营经济的收入分配（略）
五、加强对私营企业主的思想教育和政治引导

目前全国私营企业投资者有140万人，如果加上"假集体"的所有者，私营企业主大约有300万人。私营企业主主要由哪些人构成？他们在想什么？有什么政治要求？这是人们关心的问题。

先看私营企业主的社会构成。抽样调查结果表明，在城镇私营企业主中，开业前是机关、企事业单位干部和技术人员的占37.2%，在发展市场经济、私营经济的大潮中，他们是城镇中较有能量的一批人。私营企业主的另一个主要来源是农民，特别是在农村私营企业主中，农民占31.7%。在实行家庭联产承包责任制和农村劳动生产率逐步提高的基础上，大批农民转向非农产业，干起了个体私营经济，这是一条改变生活条件、提高社会地位的崭新道路。开业前是个体户手艺人或工人商业员工的，城镇私营企业主中分别占19.6%、25.3%，农村私营企业主中分别占20.5%、18.5%。从城乡私营企业主父亲的职业看，22%是机关、企事业单位干部和技术人员，63%是工人、农民和服务业员工，其余是个体户、手艺人等。有2/3的私营企业主表示，他们开办私营企业，除了经济上的考虑外，主要是为了实现自我。

其次看私营企业主的组织状况和组织愿望。抽样调查证实，在城乡私营企业主中，目前2/3以上的人参加了各级工商联，参加私协、个协的分别占43.7%和24.6%，加入私营企业家联谊会和同业公会的分别为16.2%和6.4%，中共党员比重为17%，民主党派成员占5%。私营企业主希望参加工商联的占44.7%，希

望加入中国共产党的占26.5%，希望加入私营企业家联谊会的占25.9%，希望加入同业公会和民主党派的分别占19.2%、10.4%。80%的私营企业主认为有必要建立自己的组织。当问及这种组织应该发挥什么作用时，认为保护同业权益的占33.7%，协调经营活动的占18.5%，向政府反映意见的占11.7%，在社区发挥影响的占11.2%，向国外发展业务的占6%，定行规自我约束的占3%。

再看私营企业主对社会地位的自我评价和要求。调查结果表明，有66.5%的私营企业主认为自己在经济上处于中间位置，26.5%认为处于较高位置，只有7%认为自己处于较低位置，这表明他们对自己的经济状况满意度比较高。私营企业主对政治地位的自我评价，50%的人认为处于中间位置，28%的人认为处于较高位置，22%的人认为处于较低位置。相对于经济地位而言，业主们对于政治地位的自我评价要低一些。为了有效地提高自己的社会地位，有80%的业主认为应尽量扩大企业规模，60%的业主认为要树立良好的日常生活形象，56%的业主认为要支持社会公益事业，34%的业主认为要担任人民代表，28%的业主认为要与政府领导加强联系，22%认为要经组织向政府反映意见，18%的人认为是加入中国共产党，还有11%的人认为要担任政府职务、社区领导等。概括地说，目前私营企业主提高社会地位的着眼点，首先是搞好企业，其次是加强社会联系和政治参与。

我国目前的私营企业主，大多生在新社会，长在红旗下，接受多年社会主义教育，他们既不同于旧社会的资本家，也不同于50年代的民族资本家。这支队伍的主流是好的，绝大多数人拥护社会主义，拥护改革开放，在党和政府的引导下，在市场经济中发挥着积极作用，是建设中国特色社会主义的重要力量。与我国的国家性质和所有制结构相适应，私营企业主这个社会群体将会在相当长的时期内存在，并得到一定的发展，其社会影响和参与作用会逐步扩大。私营经济的存在与发展，势必在这个阶层中萌发组织愿望和政治要求，这一点并不奇怪，不以人的意志为转移。目前私营企业主的组织动机，主要定位在经济活动上，政治动机主要是寻求保护既得利益的后盾，包括寻求反映愿望要求的民主渠道和参与公共事务的社会舞台。这些要求具有一定的合理性，总起来看与现阶段我国社会主义的原则、改革开放的要求是一致的。如果私营企业主的经济要求、组织要求和政治要求得不到合理的引导和调控，在一定条件下，也有可能与整体利益、全局利益发生冲突，带来消极作用。

现阶段我国私营企业主兼有劳动者与资本所有者的双重身份，决定了这一社会群体的两重性。少数业主以金钱侵蚀政治，权钱结合，影响极坏。这就要求我们在加强廉政建设、提高公务员素质的同时，加强对个体私营业主的思想教育和政治引导，不能放任自流。要全面落实"团结、服务、引导、教育"的方针，既要注重团结和帮助，又要加强教育和引导，两者不可偏废。要注意分析和引导他们的政治要求，合理的要适当满足，模糊的要注意引导，错误的要批评教育，对金钱侵蚀政治的现象要严肃查处。通过培训班、座谈会等形式，组织个体私营业主学习党和国家的路线、方针、政策，加强爱国主义、集体主义和社会主义教育。这种教育要分层次，基本要求是爱国、敬业、守法，讲究职业道德，诚信自律，合法经营，依法纳税。要大力宣传和表彰个体私营业主中艰苦创业、科学管理、依法经营、致富不忘国家、先富带后富、热心公益事业的先进人物，发挥他们的榜样作用。加强对工商联工作的指导，支持工商联做好个体私营经济代表人士的思想工作。在个体私营业主中，选拔一批拥护中国共产党的领导，能够与党长期合作、愿意走社会主义道路的积极分子，推荐到人大、政协以及工商联、青联、妇联、个协、私企协会等团体任职，参与国家与社会管理事务，通过他们联系、影响、带动和团结广大个体劳动者和私营企业主，充分调动一切积极因素，为社会主义现代化建设服务。

总结实践经验 解决实际问题

——建议撤并乡镇的调查札记

1999年8月,我们到常熟、太仓两市调查,进行撤并乡镇的研究。

这项调研有两个背景:

(一)政府机构改革与人员精简。1998年政府换届,新一届国务院对政府机构改革作出部署,提出国家公务员编制减少一半的目标。国务院各部门率先实施,各省区、市、县随后推开,涉及人的问题,事关切身利益,改革任务艰巨。

(二)县、乡财政紧张。这与当时的体制有关,小学教师工资乡镇发,通常占乡镇财政支出的80%左右,中学教师工资县里发,一般占县财政支出的60%左右。各个县乡经济发展水平差异很大,对中小学教育普及率的要求差不多,这样一来,那些经济薄弱的县乡,中等发展水平的地方,财政支出不堪重负。乡财政比县财政更困难,一些地方发不出工资,有些教师因此"罢教",不少人向北京写信告状,政府门前经常有上访、静坐人员,讨要拖欠的工资。

一次会议期间,我与常熟市同志闲聊,了解最近地方工作情况。他谈起一个月前，市里调整乡镇区划，沿江9镇并为3个镇，涉及人口、面积和乡镇均占全市四分之一，总体上平稳过渡，没有出现后遗症。我对这件事很有兴趣，约定过些日子前去访问，详细了解具体情况。

我隐约感到，撤并乡镇意义重大，与推行基层机构改革、解决乡镇财政危机相关。基本逻辑是：两三个镇并为一个镇，庙少了，机构少了，和尚也就少了，有利于减轻财政负担；强镇大镇并弱镇小镇，新建镇财政实力强了，回旋余地大了，有利于缓解弱镇小镇的财务危机。

调查常熟市撤并乡镇个案，目的是研究全省乡镇撤并的可能性，首先要了解全省乡镇区划基本情况。

查阅江苏统计资料，1998年底，全省共有乡镇1974个，平均每个乡镇人口不足3万，面积不到45平方公里。从人口规模看，1万人以下的乡镇63个，1万—2万人的366个，2万—3万人的663个，分别占全省乡镇总数的3.2%、18.5%和33.6%；人口最少的是响水县港南乡，1600人。从辖区面积看，20平方公里以下的乡镇200多个，20—30平方公里的400多个。小乡小镇比较集中的有武进、金湖、扬中、宜兴、金坛、溧阳、太仓等22个县市。总体上看，江苏的乡镇布局分散，体量偏小，难以形成规模效益，与工业发展为主线的新形势很不适应。

接下来，了解外省乡镇区划调整的动态，学习借鉴既是工作方法，也是调查研究的基本方法。查阅资料发现，近几年兄弟省调整乡镇区划幅度较大。1991—1997年，浙江撤并乡镇1334个，乡镇总数减少42%；安徽撤并乡镇1542个，乡镇总数减少

43.6%。广东、山东等省也加快了撤并乡镇的步伐。乡镇撤并以后，新组建镇经济实力并强，区域竞争优势明显，经济发展后劲增加，推动了小城镇建设和农村城镇化进程。

经过四五天的案头作业，我对乡镇区划调整的情况大体有数。着眼当前，缓解乡镇财务危机，推进基层机构改革，立足长远，促进经济社会发展，加快农村城镇化，撤并乡镇都有必要。调查研究的重点，是弄清能不能、敢不敢、怎么做的问题，任何结论只能产生于调研之后，基层最有创造力，实践最有说服力。

了解到太仓市不久前也有撤并乡镇动作，于是前往两市实地请教。主要调查步骤：

（一）先请市里同志详细介绍撤并乡镇的来龙去脉、具体过程、重点难点、目前状况、各方反映等，调阅实施方案，了解整体情况。

（二）到新建镇所在地，请新班子成员、被撤并乡镇同志座谈。大体印象是：新镇新任命的领导踌躇满志，地盘大了，人口多了，实力强了，干劲足了，正在编制新一轮发展规划，形成新一轮竞争态势；被撤并乡镇同志心态平衡，对撤并乡镇一致肯定，认为小镇小乡经济体量太小，陷入财务危机难以自救，工作不好搞，被撤并后得到了解脱，个人工作服从组织安排。

（三）访问被撤并乡镇，听取居民意见。到街上走走，走进饭店、商铺、旅馆等，与商贩、店主、居民随便聊聊，拉拉家常。多数人对撤并乡镇表示理解与支持，也有一些担忧，担心今后建设投资减少，人口聚集度下降，街区商气不旺，生意不好做，特别是那些新开张的店铺。

（四）向老干部老同志请教。他们熟悉当地情况，熟悉经济工作，对撤并乡镇高度认同。也反映一些意见，主要是新建镇驻地及命名问题，市里更多考虑经济实力与发展问题，老同志侧重考虑历史文化问题。

（五）与市里同志交换意见，听取他们对全省推进乡镇撤并工作的意见。他们认为，这项改革应该搞，必须搞，能够搞。只要领导重视，部署得当，组织严密，过细工作，整体风险较小，改革成本不高，综合效益巨大。

经过一周时间调查，听取各方意见，主要问题清楚了，调查报告不难写，重点放在系统化思考、条理化归纳、准确化表达上。

题目与导语。题目平实，《关于加快调整乡镇区划的调查》。导语简洁，直扑主题："最近，我们对常熟、太仓两市撤并乡镇的情况作了调查，对江苏全省乡镇行政区划的现状进行初步分析，并听取了有关市、县和部门同志的意见。调查表明：全省乡镇布局分散、规模偏小的情况比较严重，与加快城镇建设、促进经济发展和政府机构改革的要求极不适应，调整乡镇区划势在必行；当前在较大范围内撤并乡镇时机和条件基本具备，建议省政府及早决策部署，加大工作力度，加快撤并乡镇的步伐。

报告正文分三个部分：合理调整乡镇区划势在必行；常熟、太仓撤并乡镇的基本情况和做法；加快江苏乡镇撤并工作的建议。起草调查报告，文字短些、再短些，方法之一就是结构简单，减少层次。

从宏观层面分析乡镇撤并的必要性。分四个层次阐述：全省乡镇区划构成的历史与现状；新形势下乡镇布局分散、规模偏小的弊端；兄弟省调整乡镇区划的情况与效果；当前撤并乡镇基本条件具备。

常熟、太仓典型案例分析。先交代撤并乡镇的基本情况。再从工作特点的角度，介绍具体做法，尤其是如何解决重点难点问题，包括干部安置，集体资产和债权债务，政府驻地、镇名和被撤镇镇区管理，不吝文字，详细介绍。

工作建议。共6条：抓住有利时机，在全省较大范围内撤并乡镇；撤并乡镇的目标和原则；撤并乡镇的方案选择；突出重点解决主要矛盾；做好改革配套工作；切实加强对撤并乡镇工作的领导。调查报告提出三种撤并方案，一种是微调整，撤并63个乡镇，涉及44万人；一种是中调整，撤并429个乡镇，涉及619万人；一种是大调整，撤并650个乡镇，涉及人口近1000万。三种方案改革力度不同，各有利弊，我们倾向于第三方案，一并提出来，供领导参考。

关于撤并乡镇的专题调研，问题导向，主题鲜明，有的放矢；调研方法点面结合，只有找到典型案例在全局中的位置，典型经验才有推广性、指导性；调研报告重在提出建议，突出操作层面，总结基层实践经验，推动全省范围改革。

又记：2000年，撤并乡镇工作在全省推开，至2001年底，全省共撤并乡镇635个，乡镇总数减少近1/3。结合撤并乡镇工作，先后撤并26个县（市），新设22个区，基本解决了市县同城问题。行政村合并工作配套进行，5年间减少1.6万个行政村。

附：调研报告

关于加快调整乡镇区划的调查

（1999年8月）

最近，我们对常熟、太仓两市撤并乡镇的情况做了调查，对江苏全省乡镇行政区划的现状进行初步分析，并听取了有关市、县和部门同志的意见。调查表明：全省乡镇布局分散、规模偏小的情况比较严重，与加快城镇建设、促进经济发展和政府机构改革的要求极不适应，调整乡镇区划势在必行；当前在较大范围内撤并乡镇的时机和条件基本具备，建议省政府及早决策部署，加大工作力度，加快撤并乡镇的步伐。

一、合理调整乡镇区划势在必行

江苏省乡镇区划的基本框架是20世纪50年代末形成的。1958年乡镇（公社）规模较大，大跃进时从有利于指挥农业生产出发，将部分乡镇一分为二、一分为三，出现了一批小乡小镇，40年来虽然有所调整，但总体格局没有改变。据统计，到1998年底，全省共有乡镇1974个（建制镇1015个，乡959个），平均每个乡镇人口不足3万，面积不到45平方公里。其中：1万人以下的乡镇有63个，1万—2万人的有366个，2万—3万人的有663个，分别占全省乡镇总数的3.2%、18.5%和33.6%；人口

- 143 -

最少的是响水县的港南乡，只有1600人。从辖区面积看，20平方公里以下的乡镇有200多个，20—30平方公里的有400多个。武进市[①]平均每个乡镇只有2万人，2万人以上的乡镇有27个；金湖县平均每个乡镇1.3万人，有4个乡镇人口不到1万人，全县只有一个乡镇超过2万人；扬中市平均每镇2.1万人，6个镇人口不到2万。小乡小镇比较集中的还有宜兴、金坛、溧阳、太仓等22个县市。

这种乡镇行政区划与计划经济体制相适应，对加强集中管理、指挥农业生产、发展乡镇企业，曾经发挥过积极作用。改革开放以来特别是党的十五大以来，农村生产力快速发展，经济体制与运行机制、经济发展水平与生产方式，以及社会事业与乡镇基础设施等各个方面都发生了深刻变化。在新的形势下，原有那种布局分散、规模偏小的乡镇区划暴露出许多弊端，与发展社会主义市场经济的矛盾日益突出。一是小乡小镇势单力薄，财力分散，难以形成规模效益，发展后劲不足；二是乡镇之间各自为政，影响县市经济布局、结构调整和引进大的外资项目；三是人浮于事严重，管理成本高，财政不堪重负，难以为继；四是人气不旺，基础设施建设浪费严重，与发展小城镇要求不相适应；五是部分乡镇发展水平差，重债缠身，财政入不敷出，光靠自身努力已很难走出困境。

近年来兄弟省对乡镇区划进行了较大幅度的调整。1991—1997年，浙江撤并乡镇1334个，乡镇总数减少42%；安徽撤并

---

① 武进市为现武进区。

乡镇1542个,乡镇总数减少43.6%。广东、山东等省也加快了撤并乡镇的步伐。总的看撤并乡镇的效果是好的,乡镇实力并大并强,竞争优势明显,既增加了发展后劲,也推动了小城镇建设和农村城镇化进程。

当前江苏调整乡镇区划的条件基本具备。一是农业实行家庭联产承包责任制,乡镇企业大多进行了改制,政府不再直接管理农业生产与企业经营,可以从繁杂的日常事务中解脱出来,在更高层次、更大范围、更广领域实施行政管理和服务;二是交通、通信条件良好,路桥畅通,为扩大乡镇行政管理半径提供了现实条件;三是实践中薄弱乡镇的企业、资金、人员、市场向强镇集中的趋势日渐明显,各方面认识趋于一致,这是撤并乡镇的重要基础。四是常熟、太仓、海安、东台、仪征等县市主动进行乡镇撤并工作,取得了较好的成效,为在全省较大范围内调整乡镇区划提供了宝贵经验。

二、常熟、太仓撤并乡镇的基本情况和做法

最近常熟、太仓撤并了部分乡镇,力度比较大。常熟市将沿江的9个镇并为3个镇,涉及的人口、面积和乡镇均占全市四分之一左右。合并后,由福山、王市、周行组建的海虞镇人口达到9.22万,面积为91.9平方公里;由碧溪、浒浦、吴市组建的新港镇人口达到7.95万,面积为73.3平方公里;由梅李、赵市、珍门组建的梅李镇人口达到8.2万,面积为78.6平方公里。太仓将沿江7个乡镇并为3个镇。合并后,由王秀与璜泾组建的璜泾镇面积50.5平方公里,人口3.59万人,由牌楼与浏家港组建的浏家港镇为47平方公里和2.74万人,由时思、老闸、九曲组建的

金浪镇为47.9平方公里和3.06万人。

常熟、太仓撤并乡镇工作有以下几个特点：

（一）指导思想明确。两市认为，撤并乡镇不是简单的归大堆，也不是为了甩包袱，基本出发点是通过调整乡镇区划，更好地实施以港兴市战略，加快沿江经济带开发建设，实现乡镇优势互补，促进镇级机关机构改革，加快中心镇建设步伐。常熟市强调，并镇必须着眼于经济实力并强，管理水平并高，领导班子并优。

（二）领导得力，组织严密。常熟市今年初开始酝酿并镇事宜。市委、市政府主要领导带队到广东、浙江及太仓等地考察调研，回来后对改革方案、具体事项和难点问题反复研究，力求稳妥。党政一把手挂帅，成立领导小组，集中统一指挥。设立专门工作组，分别负责撤并工作中的机构设置与干部安置、财务审计与交接、动态反映与情况综合等工作；设立三个指导组，分别到新成立的3个镇进行全过程工作指导；各镇也分别成立了工作小组。加强领导，上下衔接，部门配合，分工负责，从组织上保证了撤并工作有序进行。

（三）严明纪律，保持稳定。常熟市撤并乡镇之日起就宣布几项纪律：暂停人事调动、提干，冻结人员编制；暂时冻结乡镇财政和部门财务，严禁资金转移挪用，不准将资产突击变卖、抵押、转让、出租；严格财经纪律，不准突击花钱，严禁互相吃请、滥发钱物、礼品及互赠礼金；暂时冻结土地批租和工程建设。由于纪律严明，监督到位，在并镇中没有发生违纪现象。

（四）过细工作，快捷操作。常熟市乡镇撤并工作从6月5

日正式开始。当天下午召开党政联席会议及人大、政协负责人会议，决定撤并方案，统一思想认识；晚上找9个乡镇党委书记谈话。第二天上午向9镇四套班子成员宣布并镇决定；下午召开9镇村以上干部会议，宣布撤并事项。6月21日省政府批复下达，22日苏州市转发。23日宣布新镇领导班子，进行各项交接工作。28日新镇挂牌。整个撤并工作从确定最后方案、报批到新镇挂牌，只有20多天时间，体现了快速高效原则，避免了社会震荡与不必要的损失。

（五）突出重点，狠抓关键。撤并乡镇中最重要的问题有三个：干部安置问题；乡镇集体资产和债权债务问题；新镇政府驻地的选择和被撤乡镇镇区的管理问题。

1.关于干部安置。涉及干部的切身利益，是撤并乡镇中最大的难题。常熟市9镇合并前副镇级以上干部实有111人；合并后3镇定编75人，超编36人。人员安置主要有四种渠道：新班子保留骨干，安排四套班子66人；在原镇区设立街道办事处，安排23人担任主任、副主任；16人提前退居二线；6人提前退休或横向交流。原9镇一般干部有251人，合并后定编228人，超编23人；提前离岗29人，调出6人，调进1人。市管干部与一般干部合起来算，撤并乡镇后减少编制定员169人，缩编35.8%；实际减少56人，减少15.5%。撤并乡镇时事业单位也重新核定编制，以条线为主的超编人员由条线负责在本系统内解决，以镇为主的由镇里支付基本工资。临时招聘或借用的各类人员，撤并中由原乡镇解决。两市认为，撤并乡镇缩编减员，重在建立机制，着眼长效；人员分流要采取妥善安置、逐步过渡的办法。这样做，既体现了党对干部的关心爱护，也有利于保持干部的情绪稳定和社会稳定。

2. 关于乡镇集体资产和债权债务。常熟市在撤并乡镇中，先对原来各镇的财务进行审计，然后再并账，由新镇统一管理。审计结果，新3镇共有集体资产8.15亿元，负债0.315亿元，所有者权益7.8亿元，镇级固定资产4636万元。太仓市王秀镇合并前欠债1亿多元，其中集资款3000多万元，还欠发教师、干部的工资、奖金及风险抵押金300多万元。合并后，第一期集资款由市里协助解决，其余的要求新的璜泾镇自行消化。现在原王秀镇的财务暂时单列，新镇领导主要用加快资产重组，变卖、抵押、租赁原王秀镇集体资产的办法，使固定资产变现，支付到期的集资款。

3. 关于政府驻地、镇名和被撤镇区管理。新镇政府驻地既适当考虑原来各镇的经济发展水平，也尽量考虑选在新辖区的中心地区。选择镇名时，两个市都遇到了始料不及的问题。常熟市浒浦、碧溪、福山都是历史名镇，有一定经济实力，都有理由要求新镇冠以己名。为了减少矛盾，两个新镇分别取名为海虞镇和新港镇。部分干部群众一时难以接受，几个老干部为此上访。太仓市3个乡镇合并后取名金浪镇，当地谐音"金狼镇"，群众有看法。对被撤镇的原镇区，常熟设立了街道办事处，太仓设立了管理区，负责集镇和街道居民的管理和服务工作。办事处、管理区的职能定位还需探索，目前尚属过渡阶段。

两市在并镇过程中相对平稳，并镇后新建镇工作运行正常，干部心态比较平衡，社会保持稳定，没有出现大的动荡和后遗症。经过一段磨合期后，新镇干部把注意力集中到制订新的经济社会发展规划、修编新的镇区建设规划上，突出抓经济促发展，逐步在当地拉开新的竞争格局。

三、加快江苏乡镇撤并工作的建议

（一）抓住有利时机，在全省较大范围内撤并乡镇

当前时机有利：其一，新一轮小城镇建设已经到来。撤并小乡小镇，扩大乡镇人口和镇域面积，有利于集中力量建设重点中心镇，避免镇区建设遍地开花、资金过于分散和不必要的资源浪费，提高小城镇建设实效。其二，明年各地将制订"十五"规划。提前调整乡镇区划，有助于县市对经济结构调整和生产力布局作出中长期规划，在更高更强的起点上，实施新的发展战略，再创新优势。其三，明年县市将进行政府机构改革。撤并乡镇是减少机构设置和人员编制的好办法，有利于转变政府职能和减轻农民负担。

从各个方面看，今明两年是进行乡镇撤并的最佳时机。建议省政府及早决策部署，不要把这个问题带到下世纪去解决。如果我们犹豫不决，丧失机遇，今后调整乡镇区划的工作难度更大，付出的社会成本和代价更高。

（二）撤并乡镇的目标和原则

基本目标是：扩大乡镇人口规模和区域规模，增强经济实力，合理配置资源，优化经济布局和城镇布局，促进结构调整和小城镇建设，加快全省农村城镇化、城乡一体化进程。

实现上述目标，需要坚持以下原则：既要积极又要稳妥，要结合各地行政管理和地域特点、经济社会发展水平、市场发育程度、人力资源等情况，分类指导，周密考虑，因地制宜地推进撤

并乡镇的工作，不要一刀切，盲目追求撤并数量；尽可能成建制撤并，这样做，有利于避免原乡镇集体资产、债权债务的分割以及由此带来的纠纷和矛盾；充分准备，迅捷操作，酝酿方案时要注意保密，报批要简化程序，批复下达后实施要快，尽量缩短并轨交接时间，减少由于拖沓带来的不稳定因素；量力而行，适当过渡，对干部分流、机构设置以及原镇区的规划建设等问题，方案可一步到位，实施时视情分阶段、分步骤过渡解决，减少改革阻力。

（三）撤并乡镇的方案选择

一般认为，农村建制镇规模在4万—5万人、50—60平方公里较为适宜；中心镇规模在6万—8万人、70—90平方公里为宜。以此为参照，江苏撤并乡镇工作大致有三种方案可供选择。

方案一：对1万人以下的乡镇进行撤并。这样的乡镇全省有63个，涉及人口44万。这个方案的特点是大稳定、微调整，社会震动小；缺点是步子太小，力度不足，不能解决原有乡镇区划格局带来的种种弊端。

方案二：对2万人以下的乡镇进行撤并。这样的乡镇全省有429个，涉及人口619万。采取这个方案，能够适度扩大乡镇规模，促进小城镇建设，推进乡镇机构改革。虽然会产生一定的社会震动，但只要操作得当，大部分县市可以做到平稳推进。从长远发展趋势看，这个方案力度仍然略显不足，撤并乡镇规模从总体上看可能还是小了一些。

方案三：在实施方案二的基础上，撤并2万—3万人乡镇中的一部分。2万—3万人的乡镇全省有663个，撤并其中的三分之一，就是221个；加上2万人以下的乡镇429个，共650个，约占现在乡镇总数的三分之一；涉及人口近1000万，约占农村人口总数的18%；涉及镇以下干部约2.5万人。撤并后全省乡镇总数从1974个减少到1324个，镇均人口提高到4.3万人左右。实施这一方案，有利于从整体上改变全省乡镇区划格局，对加快小城镇建设和农村城镇化进程将起到决定性的作用。这一方案动作较大，涉及面宽，有一定风险。但江苏的干部素质较高，经济发展平衡，只要统一认识，加强领导，周密部署，过细工作，有能力将这项工作顺利进行。我们倾向于这个方案。

（四）突出重点解决主要矛盾

首先是干部安置问题。基本要求是带职分流，加强基层，优化结构，逐步到位。开辟多种分流渠道：新建镇适当增加领导职数；在原镇区设立办事处安置任职；到开发区、企业集团任职；退居二线或离岗年龄适当提前；全县（市）范围内横向交流；到中心村任职，加强村级领导班子等。人员分流可用三年左右时间，职级待遇保持不变。

其次是债务问题。特别是原乡镇财政所担保的债务以及集资款，如果处理不好，将会带来严重的后遗症与上告上访。撤并乡镇中，要尽可能以原乡镇集体资产重组的办法来偿还到期债务与集资款；靠原乡镇资产解决不了的，市县政府不能推卸责任甩包袱，应予适当支持，研究制定几个方面都能接受的解决办法，妥善解决这一棘手问题。客观上说，乡镇合并后，经济实力增强，资产结构优化，发展余地扩大，对解决债务问题是有利的。

撤并乡镇时选择镇名要再三斟酌，考虑当地居民的接受程度，重视保护和利用好历史文化资源。

（五）做好改革配套工作

原镇区的建设管理问题。被撤乡镇的镇区由于失去以往的行政中心地位，建设和发展将受到影响。已有的建设项目应继续进行，适当衔接，以利于发挥原镇区的各项功能，避免大的起落，造成新的浪费。为了方便行政管理，原镇区可设立办事处，作为镇派出机构，承担镇政府委托的日常工作和便民服务。

简化审批手续和环节。现在撤并乡镇有七八道手续，从上报到审批一般要一个月左右，时间长对撤并工作不利。地方同志建议将撤并乡镇的调研事项交省辖市政府进行，省政府有关部门履行审批手续，将报批时间缩短到两周左右。

结合撤并乡镇工作，调整县（市）驻地镇行政区划，扩大县城发展空间；配套进行行政村合并工作，加强中心村建设。

乡镇撤并后，抓紧制订新镇经济社会发展规划和镇区建设规划，支持企业到小区相对集中发展，引导居民到镇区落户，加强镇区管理和居民自治工作。

（六）切实加强对撤并乡镇工作的领导

撤并乡镇是一项重大改革，必将对原有的利益格局带来较大的冲击。要充分认识这项改革的必要性和紧迫性，增强责任感，坚定不移地果断推进。同时，又要充分认识这项改革的艰苦性和复杂性，统筹安排，慎重决策，精心部署，整体推进。加强领导，严明纪律，做耐心细致的工作，做到人心不散，秩序不乱，干部妥善安排，集体资产不流失，工作正常运转。加强新镇领导班子建设，既保留骨干又体现"五湖四海"，把班子并优并强，促进各项工作更上一层楼。

一次多部门参与的调研突击战

——组织《WTO与江苏经济》综合研究

1999年11月，中美两国就中国加入世贸组织问题达成双边协议，中国加入WTO迈出关键一步，跨入WTO大门为期不远。紧紧抓住机遇，调整发展思路，主动迎接挑战，扩大对外开放，各地对策研究紧锣密鼓展开。

2000年2月，春节后上班第一天，领导把我叫去，当面布置任务，开展加入WTO与江苏经济对策研究，一个月后交卷。省里对外开放与外经外贸工作，由开放办、外经委主管，研究室力量单薄，时间紧，任务重，难度大。我向领导请示，对策研究涉及多个行业不同领域，建议组织相关厅局协同研究，领导表示同意。

第二天上午，请30多个厅局同志来开会，一起讨论研究，提出目标要求，落实调研任务。建议各单位重点研究四个问题：一，对标WTO规则及中美协议中涉及本行业本领域的有关条款；二，分析本行业本领域基本情况；三，判断加入WTO对本行业本领域的影响；四，提出应对加入WTO对策建议。

考虑到参加单位多，涉及范围广，预备会上作出部署，分为十个课题组，分别是农业、传统工业、支柱产业、新兴产业、金融业、商品流通业，以及文化、教育、科技、法制，一开始就搭起十个分报告的研究框架。每个课题组确定主管单位、牵头单位、参与单位，课题组长及成员名单上报省政府。研究室向每个课题组派出联络员，协调有关问题，掌握工作进度，直接参与研究，最后负责统稿。

接下来省里召开年度"两会"，我们在参加会议、参与会务的同时，理顺总报告框架，开始起草第一部分，"加入WTO的战略意义"。一般说来，调研报告大多是通过摆事实来讲道理，长篇大论不多。这项研究不太一样，总体上看，人们对世贸组织了解不多，对中国加入WTO认识不够，把思想统一到中央的战略决策上来，这是应对加入WTO的首要任务。

起草第一部分，主要是案头作业，搜集各种资料权威提法，消化吸收、归纳概括，再用自己的语言写出来，在遣词造句上下功夫。论述意义并不难，讲高度深度，无非是国际国内、历史现在、经验教训、经济政治、全局局部，从不同角度展开论述；讲针对性，摆出某个问题或某种倾向，有理有据分析说明，也可以直接讲道理，立字当头，破也就在其中了。

中国加入WTO，是国家大事，也是国际大事，讲意义更加宏观，侧重于战略层面。主要从三个方面展开：从世界大趋势看，加入WTO是我国主动融入全球经济、全面参与国际竞争与合作的战略选择；从国内大背景看，加入WTO是推进两个根本性转变、加快现代化建设的巨大动力；从政治大格局看，加入WTO是进一步确立大国形象、提高我国国际地位的重大决策。

一周后"两会"结束，各课题组紧张工作，报告还没出来。我们开始起草总报告第二部分，"加入WTO对江苏经济影响的总体判断"。总体判断一般来自分报告的具体判断，对具体判断的归纳概括，但是时间紧等不起，况且分报告也不会有现成结论。抓紧研究起草总体判断，分报告到了再补充完善，研究判断中出现的疑难点，及时向相关课题组求援，取得帮助、协同攻关。

按照调研提纲统一部署，先列出WTO基本原则与中美协议我方的主要承诺，排出江苏经济的比较优势与不适应性，在此基础上作总体判断。预测宏观形势或发展大势，既要"定性"，也要"定量"，定性容易定量难。没有主要指标的定量分析，总体判断没有支撑，缺乏说服力，定量分析落实到"量"，经得起时间的检验，需要科学的分析方法与工具，我们没有这个条件，但是可以借用。

我们了解到，国务院发展研究中心运用国际通行的可计算的一般均衡模型（简称CGE），模拟分析中国加入WTO对宏观经济的影响，提供了一系列指标数据。参考他们的预测结果，结合江苏实际适当调整，预测加入WTO之后，2005年GDP增长、结构调整、外贸出口、社会就业、居民收入的大致数据。CGE模型本身有一定局限，我们的估算方法也有缺陷，加入WTO之后还有不确定因素，只能给出一些轮廓性数据，供领导参考。

第二部分起草完毕，时间过去一半，各课题组先报初稿，继续完善，我们根据初稿酝酿起草第三部分、第四部分，"加入WTO对主要产业的影响与对策"，"加入WTO对开放、科技、文化教育与法制的影响与对策"。这两个部分内容多，体量大，文字篇幅占总报告的60%。加入WTO的经济影响是全方位的，对各行各业的影响又是不平衡的，根据行业、企业和产品的竞争力水平，我们把主要行业分为三类，第一类在国际竞争中具有比较优势，第二类具有较好物质基础、与国际先进水平相比尚有差距，第三类与国际先进水平差距较大、竞争能力较弱，分别提出对策性思路。有份报告作依托，这两部分起草难度不大，主要是突出重点，简明扼要。

一转眼20天过去。着手起草第五部分，"应对加入WTO的总体思路和基本对策"。按照当时的习惯做法，总体思路相当于原则，要高度概括，简明扼要，读起来顺口，排比式表述。我们提出十六个字："积极应对、强本固体、双向互动、趋利避害"，当时挖空心思琢磨，现在看来不怎么样。

基本对策要粗枝大叶、提纲挈领，不能过于具体、过于零散。我们提出七条：（1）进一步统一思想认识。这是常规性的，做什么事情都要统一思想，齐心才能协力。（2）加快推进经济结构战略性调整。这是经济工作的主线，强调在开放中调整，以调整促开放。（3）着力增强企业国际竞争能力。这一条不难理解，企业是经营主体，也是竞争主体，根据下岗职工较多的实际，提出建立健全社会保障体系。（4）加快科技进步和技术创新。提出有计划有重点地引进一批先进适用技术和关键设备，建立以企业为中心的技术创新体系。（5）继续扩大对内对外开放。（6）进一步加强法制建设。（7）培养大批高素质人才。

这几条对策，大体上是"通用件"，经济工作的抓手，三年五年不过时。但是，每一条都与应对加入WTO挂起钩来，就有了特殊性、针对性，加入 WTO 与经济发展紧密关联，无法脱节也是不能脱节的。

提出应对之策，要有指导性，也要有操作性，要着眼长远，也要立足当下，长远的事情总是从当下做起的。提出总体思路、基本对策之后，我们建议近期抓好四项工作，包括深化对策研究，开展宣传与培训，清理省内法律法规，成立研究咨询委员会等，这些建议事后不同程度得到采纳。

在各部门支持参与、课题组同志共同努力下，距接受任务整整一个月，29 天之后，研究成果如期交到领导办公室，一个总报告，十个分报告，一个附件，30 余万字。两个主要领导都在报告上批示，给予充分肯定。根据领导要求，整套报告付印 200 份，作为内部资料，发各厅局主要领导、副省级以上领导阅研。

《WTO 与江苏经济》作为课题研究初步完成，应对准备工作持续推进。当年 8 月，在省委举办的领导干部学习会上，介绍江苏加入 WTO 应对之策，就重点难点问题展开讨论。省广电总台积极配合，开办电视讲座，专家学者献计献策。面对百姓，制作并播放系列电视片，普及 WTO 知识，宣传中央战略决策，进一步统一认识。

2001 年 12 月 11 日，中国正式加入世界贸易组织，各地应对准备节奏加快，进入实质性阶段。2002 年初，省委举办厅局以上干部参加的专题学习会，进一步学习贯彻中央精神，研究部署应对工作。省里召开两会，《WTO 与江苏经济》汇编成册，发人大代表、政协委员参阅。4 月，成立应对加入 WTO 领导小组。6 月，组织县以上领导干部党校集中轮训。8 月，省委办公厅、省政府办公厅下发《关于应对加入世贸组织的实施方案》，进一步细化政策，落实责任，推动工作。

又记：2001年，中国加入世贸组织之际，全国GDP 1.34万亿美元，排名全球第六；占全球经济总量的4%，相当于美国GDP的12.6%。2005年到2007年，中国经济总量接连超过法国、英国和德国。2010年，中国GDP达到5.88万亿美元，超过日本，成为世界第二大经济体，占全球经济总量9.5%，相当于美国的40.2%。

2001年，江苏经济总量9456.84亿元，2010年4.09万亿元，2020年10.27万亿元，比肩加拿大、俄罗斯、韩国，超越全球90%以上的国家。

附：研究报告（节选）

WTO 与江苏经济对策研究

（2000 年 3 月）

一、加入 WTO 的战略意义

WTO 是规范国际经贸规则的多边经济组织，拥有 135 个成员，与国际货币基金组织、世界银行并称为世界经济的"三大支柱"。加入 WTO，是我国 1970 年代恢复联合国合法地位以来又一个里程碑式的重要事件，是改革开放进程中又一次新的历史性飞跃，对于我国更加大踏步走向世界，加快下世纪初叶的发展，实现 2050 年建成社会主义现代化国家的目标，对于促进世界和平与经济繁荣，都将产生长远与深刻的影响。

（一）从世界大趋势看，加入 WTO 是我国主动融入全球经济、全面参与国际竞争与合作的战略选择（略）

（二）从国内大背景来看，加入 WTO 是推进两个根本性转变、加快现代化建设的巨大动力（略）

（三）从政治大格局看，加入 WTO 是进一步确立大国形象、提高我国国际地位的重大决策

中国是联合国安理会常任理事国、世界银行和国际货币基金组织的成员，是世界上最大的发展中国家。没有中国的参加，

WTO 是不完整的，WTO 需要中国，中国也需要 WTO。我们贯彻以经济建设为中心的方针，需要一个和平稳定的外部环境，从全局的、长远的利益考虑，放弃一些可以承受的局部利益，换取政治上有利局面，争取主要的、有重大影响的经济利益，对集中精力加快现代化建设极为有利。中国加入 WTO，承诺遵守多边贸易规则，逐步放开市场，有助于在国际上进一步树立改革开放和负责任大国的形象，消除"中国威胁"论。加入 WTO 之后，中国作为正式成员有了相应的发言权、表决权，政治上、经济上十分主动；可以参加新一轮 WTO 多边贸易谈判，参与制定国际贸易规则，更加主动地保护我国的正当权益以及发展中国家的利益；可以享受 WTO 成员的市场准入承诺，美国将一次性解决中国的最惠国待遇问题；可以利用 WTO 的争端解决机制，减少西方国家对我随意的单边歧视性限制，有效地维护我国的正当权益。加入 WTO，还可以凸显我主权国家地位，对台湾的活动有所牵制，有利于促进海峡两岸直接"三通"，增进两岸的经贸交流，对于早日完成祖国统一大业，经济上政治上都十分有利。

二、加入 WTO 对江苏经济影响的总体判断

迎接加入 WTO 的机遇和挑战，首先要分析 WTO 的基本规则和中美协议主要条款，结合江苏实际，对加入 WTO 给我省经济的影响从总体上作出判断。

（一）WTO 基本原则与中美协议我方主要承诺（略）

（二）江苏经济的比较优势与不适应性（略）

（三）加入 WTO 对江苏经济影响的初步评测

1. 关于 GDP 增长率

市场供过于求是市场经济国家普遍遇到的必然现象，也是我国当前经济运行中的突出问题，这种矛盾今后相当长的时期内还将继续存在。加入 WTO 最直接的收益，就是国际国内市场双向开放，带来国际贸易的迅速扩张，弥补国内市场的不足，促进 GDP 增长。CGE 模型预测，加入 WTO 以后，2005 年全国纺织品和服装工业的产出，将比 1998 年分别提高 25.5% 和 74.0%，出口分别增长 63.8% 和 200%。江苏纺织品与服装工业在全国占有相当地位，具有比较优势，加入 WTO 后理应获得更多收益。在出口更多的劳动密集型产品的同时，可以低价进口更多的技术和资本密集型产品作为投资品和中间投入品，既有利于进一步扩大进口，又可以从进口中接受技术转移，刺激生产率提高，发挥比较优势，扩大国际贸易，提高经济效率，从两个方面推动经济增长。CGE 模型模拟预测，我国加入 WTO 的各项承诺完成以后，2005 年实际 GDP 增速将比不加入 WTO 提高 1.5%。考虑到改革开放以来我省 GDP 年均增长 12.6%、高于全国 2.8% 的实际，预计我省 2005 年 GDP 增长比不加入 WTO 提高 1.97 个百分点，GDP 增加 350 亿元左右。

2. 关于三次产业结构比例

加强第一产业，提高第二产业，发展第三产业，是我省今后一个时期调整产业结构的方向。加入 WTO 以后，呼应全球范围内进行的结构调整，重新配置资源，必将对我省经济结构战略性调整带来积极影响。农业的开放将有较多的外国农产品进入，受到的冲击相对较大，农业占 GDP 的比重将下降。工业中的优势行业得到更快发展,支柱产业在调整中壮大,高新技术产业稳步发展,一些劣势产业将受到较大冲击,总体上看工业生产将持续较快增长。第三产业特别是新兴服务业的开放,更多以投资形式进入,发展空间进一步扩大,发展速度加快,占GDP比重将有较快提高。综合分析各方面情况,加入WTO以后,2005年我省第一产业比重将下降到10%以下;第二产业比重稳中有降,大致在50%左右;第三产业比重将提高40%以上。

3. 关于外贸出口增长率

加入WTO之后,对外贸易的规模和结构将发生大的变化,纺织品、服装和轻工等技术含量较低的劳动密集型产品出口增加,大宗农产品、先进适用技术和关键设备的进口增加。我省家电、一般机电、电子通信类等出口产品中,加工贸易比重较高,随着这些产品出口的增长,零配件及主机的进口将有较快增加。以绕过关税和非关税壁垒、占领我国市场为目的的外商直接投资,短期内会被外国商品直接进入所替代,由于政策透明度的提高、国民待遇的实现和市场经济体制的完善,利用外资将稳中有升,保持相当规模,外资企业出口仍将保持良好势头。加入WTO,有利于我省实施"走出去"战略,扩大境外投资和跨国经营,从而带动省内设备、原材料、零部件和劳务出口。据CGE模型模拟预测,2005年全国出口增长率将比不加入WTO提高2.5个百分点。考虑到我省1978年来出口增长率达到19.9%、高于全国4.1个百分点的情况,预计2005年我省外贸出口增长率将比不加入WTO提高3.1个百分点。

4.关于就业人数

加入WTO后农业比重下降，工业结构调整，服务业比重上升，将导致劳动力的部门转移，特别是大量农业劳动力的转移。据CGE模型预测，加入WTO后，到2005年全国约有960万农业劳动力转移到制造业和服务业，其中纺织品和服装部门将创造540万个就业岗位。我省农村人口占总人口的68%，农业就业人数1500多万，占劳动力总数的40%以上。根据我省的经验数据，GDP每增加100亿元，可以提供29.7万个就业岗位，加入WTO将使我省2005年GDP多增加350亿元左右，由此推算可多增加104万个就业岗位。由于劳动力的结构性差异，将会出现转移出来的劳动力不能全部就业，服务业特别是一些新兴产业所需劳动力不能满足需求的情况。这种严重的结构性矛盾，会给劳动就业、社会保障、社会稳定带来多方面压力。

5.关于城乡居民收入

加入WTO，促进经济增长，总体上看有利于增加城乡居民收入。但加入WTO的收益并不在部门之间、城乡之间平均分配，农业受冲击较大，工业和服务业受益相对多些，因此城乡居民收入差距有可能进一步拉大。CGE模型预测，2005年农村居民收入将比不加入WTO下降2.1%，城镇居民收入提高4.6%。农民收入下降的主要依据，是我国主要农产品价格高于国际市场，在逐步增加农产品进口配额直至2005年取消数量限制的条件下，我国农产品价格将有较大幅度下调，从而导致部分农产品生产的萎缩和农民收入的下降。这种估算可能过于悲观，虽然考虑了加入WTO对农业的冲击，但对优势农产品增加出口，农民向工业、服务业转移，加快农村城镇化进程，以及政策支持与调整带来的积极效应考虑不够。我省加入WTO获取的利益高于全国平均水平，农业受加入WTO的影响程度小于全国平均水平，农业占GDP比重较低，乡镇企业比较发达，综合分析各方面因素，估计2005年城市居民收入将比不加入WTO提高5.2个百分点，农村居民收入仍将稳中有升。

三、加入WTO对主要产业的影响

加入WTO对我省经济的影响是全方位、多层次的，对各个产业的影响是不平衡的。按照行业、企业和产品竞争力水平，我省产业基本可分为三类：

第一类，在国际竞争中具有比较优势的行业。如农业的蔬果园艺业，以生猪和水产品为主的养殖业；工业中的纺织、丝绸、服装、轻工等劳动密集型行业，电子元器件、金属制品等行业中的劳动密集型环节。这类产业有一定竞争力，加入WTO后国际市场进一步扩大，发展前景看好。

第二类，具有较好物质技术基础、与国际先进水平相比尚有差距的行业。如农业中的水稻种植业；工业中的普通机械、大中型客车、冶金、基础化工、建筑材料、消费类电子产品等资本密集型产业；服务业中的商品流通业、旅游业等。这类产业竞争能力强弱不一，加入WTO后有些行业可以较快发展，有些行业会受到冲击，全面参与国际竞争需进一步提高实力。

第三类，与国际先进水平差距较大、竞争能力较弱的行业。如农业中的小麦、棉花、油料种植业；工业中的医药、投资类电子产品、石油化工、小客车等技术密集型或资本密集型行业；服务业中的银行、保险、证券、电信服务等新兴服务业。这类产业加入WTO后受到较大冲击，要加快体制创新和科技创新，实行重组和调整，在有限的过渡期内尽快发展壮大，增强抵御风险的能力。

（1）农业（略）

（2）传统工业（略）

（3）支柱产业（略）

（4）新兴产业（略）

（5）金融业（略）

（6）商品流通业（略）

四、加入WTO对开放、科技、文化教育和法治建设的影响（略）

五、应对加入WTO的总体思路和基本对策

（一）总体思路

根据WTO基本规则及其对江苏经济的影响，我省应确立的总体思路是：积极应对，强本固体，双向互动，趋利避害。

积极应对：就是振奋精神，坚定信心，把握先机，迎接挑战。以积极的姿态洞察大势，全面参与国际竞争与合作，主动融入世界经济；以科学的态度分析利弊得失，将机遇把握好，把风险估计透；以充分的准备迎接"入世"，在国际市场上奋勇拼搏，在经济全球化进程中再创辉煌。

强本固体：就是转换机制，加快发展，苦练内功，夯实基础。把保持经济较快增长作为首要出发点，不断增强综合实力；加快制度创新和技术创新，创造经济发展新的优势；着力调整经济结构，在国际分工新格局中争取主动；深化国有企业改革，增强国际竞争能力；建设统一开放、竞争有序的国内市场，健全和完善与国际规则接轨的法制体系。

双向互动：就是两头在外，大进大出，双向联动，互相促进。更多地"引进来"，更大胆地"走出去"。千方百计扩大出口，积极有效利用外资，继续加强对外经济技术合作。扩大境外投资，加快产业转移，发展跨国经营，全面开拓国际市场。

趋利避害：就是发挥优势，规避风险，依法保护，发展自己。运用WTO对发展中国家特殊和有区别的优惠待遇，合法保护有关产业特别是幼稚工业。利用WTO有关规则和承诺中存在的各种空间和余地，在执行中争取对我有利。通过制定技术法规和标准、授予行业协会管理职能等，维护正当权益，提高自我保护、自我发展能力。

（二）基本对策（略）

1. 进一步统一思想认识。

2. 加快推进经济结构战略性调整。

3. 着力增强企业国际竞争能力。

4. 切实加快科技进步和技术创新。

5. 继续扩大对外对内开放。

6. 进一步加强法治建设。

7. 培养大批高素质人才。

（三）近期要抓紧做好的几项准备工作

1. 深入研究加入WTO的影响及对策。各地方、各部门要结合自身实际，加强研究WTO规则和我国的承诺，对每一个行业、重点企业、重点产品进行排队分析，提出有针对性的可操作的应对措施。这项工作争取在上半年理出眉目，逐步细化、落实，使我省相关产业和企业加入 WTO 后争得主动。

2. 开展宣传和培训活动。充分利用报纸、杂志、广播、电视、互联网等媒体，采取讲座、研讨、拍专题片、印发宣传材料等形式，普及 WTO 知识。分层次搞好培训，使领导干部、经济主管部门和企业负责人，了解加入 WTO 对江苏经济、本行业、本企业的影响及对策措施。党校、行政学院专题办班，高等院校增设这方面的课程。

3. 开展法律法规的清理工作。组织有关部门对有关法规和规章进行清理，由省法制局汇总后统一组织修订。抓紧修订外商投资企业的法律、规章和政策措施，尽快修订外商投资产业指导目录，提高政策法规透明度。及早研究加入 WTO 后部分产品可能引起知识产权纠纷、征收专利费甚至面临停产的问题，提出应对措施。

4. 加强对加入 WTO 应对工作的领导。建议省政府成立 WTO 对策研究咨询委员会，省政府主要领导同志任主任，有关部门、专家参加。其主要职责是：指导对 WTO 规则及其影响的研究，提出江苏的应对方针和政策措施，研究解决各地、各行业加入 WTO 后工作中遇到的重大问题。省辖市也应设立相应机构，从组织上保证加入 WTO 应对措施的落实。

把父老乡亲的生活录入史册

——我的乡村田野调查与口述史实践

我从小在贫困与焦虑交织、绝望与希望混杂的氛围中长大，1950年代出生的农村孩子大多有类似的经历与记忆。这种体验承自于我们的父母——人民公社社员，家庭的愁苦时常笼罩着我们。

那是一个特殊的年代。一方面，理想那么诱人，似乎触手可及；另一方面，现实如此无奈，几乎看不到前头的路。我们在理想与现实之间挣扎，为了生活，为了未来，竭力打开命运的门，走出希望的路。

小时候，我家屋后有一条河，贯通南北。河不算宽，直通长江，河水每天随潮汐北来南往，涨潮时河宽也就十多米，木船、水泥船满载货物而过。这条河叫川港。县志记载，宋代以南、北川港为界，东部西部分别设县，这种行政设置一直延续到1960年代。作为一条界河，川港已有上千年历史。

我家门前有一条路，东西走向。路不算长，二百多米，多年失修，部分路段已经崩塌。路的两边是河，河边芦苇菖蒲青青。这条小路，周边百姓叫它"界岸"。查镇志图示，界岸是清代先民围垦沙洲时修筑的一条圩岸。作为常兴沙与清屏沙的分界线，这条小路也有几百年历史。

依傍川港古河、界岸古道，聚居几十户人家。人民公社时期，这里是一个生产队，现在是一个村民组。行政区划几经调整，行政村名称多次变更，当地人一直称这里为"界岸人家"。

我对农村的记忆始于童年的饥饿。7岁时吃食堂，一家5口，老秤13两，400多克，每人一碗粥，实在吃不饱，直到20岁当兵之前，就没有放开肚子吃饱饭的时候。13岁闹"文革"，停课辍学，生产队里挣工分，挑河泥，搞"双抢"，漫长的劳动时间，繁重的体力劳动，远远超出一个少年的承受极限，劳动使我突然长大懂事，从此知道父母的忧愁、种田人的苦。

17岁那年冬天，队里翻地种麦子。会计说分配预算已经出来，4户人家分到红，其余都是透支户。有个姑娘春节要结婚，原指望分红后做件新衣服，结果落了空，忍不住当场大哭，那辛酸情景至今犹在眼前。

1972年底，我离开家乡去当兵。1979年退伍返乡，高考后到北京上学，进机关工作。几十年来，作为一个农家子弟，家乡的人、家乡的事、家乡的情，我念念不忘，作为一个经济工作者，我对农业、农民、农村问题持续关注与思考。

那几年，有微博发文写春节回乡见闻，谈农村的变化及冲突。我想换一个角度，听听农民是什么看法，以我的生产队为样本，开展田野调查，请村民口述个人的变化、家庭的变化、村子的变化，以鲜活的、具体的、平凡的个体实例，来透视中国农村的社会变迁。

在老家做村民口述史，我有一些天然优势。与乡亲们共同生活20年，一口锅里吃过饭，语言上无障碍，情感上无隔阂，文化上无冲突。进门坐下来，打个招呼，土话乡音，分外亲热，村民不把你当外人，无拘无束，愿意把家中的事、心中的话讲出来。

时间上弹性大，主要看村民是否方便，大部分白天进行，不少是晚上。地点随意，上门家访为主，有些到工作场所边上班边聊，有的请到家里谈，有的在旅馆里进行。访问对象没有严格设定，60岁以上老人全都访过，30岁左右的也有几个，有些家庭访问三代四代，便于考察代际更替关系。

我对村里的情况比较熟悉，没有访谈提纲，没有文本设计，没有预设观点，坐下来，自由谈，每次一人或夫妻俩，手机录音。请大家谈家庭历史、个人经历、子女情况，谈亲力亲为、所见所闻。这些问题不难不深，无论男女老少、文化高低，都有话讲，能讲出来，拉拉家常聊聊天，尽量让口述者不间断回忆，自然地流露，无保留表达。

访谈从2014年9月开始，一年半时间里，陆续访问40多人，占村里常住人口的一半多，原始录音70多小时。边访问边整理录音，对文本梳理、拆解、编辑，按社会发展阶段，分列民国旧事、公社岁月、改革年代、陌生未来四章，书名《界岸人家》。

每章开头有摘自县志的大事记，作为村民口述史的时代背景。在此基础上，以界岸村民的集体记忆为出发点，把它们放到近百年来中国农村经济社会的变迁中考察，回顾传统农村的过去，理解新旧交替的现在，预测乡村发展的未来。

20世纪以来，中国各个阶段的革命与建设，都与农民问题相关。这不仅因为农民人数最多，而且农民最苦，农民最穷。农民问题的背后是土地，土地问题的焦点是人多地少。这是传统社会的基础，也是农村变迁的源头。

改革开放30多年来，小农经济逐步解体，旧式农民即将终结，现代"三农"破篇起步，这是中国历史乃至人类进步史上的大事件。这个过程仓促、急剧、动人，变革中的震荡、失序、痛苦不可避免，新的未来轮廓初现，势将砥砺前行。

一个生产队，几十个农民的经历，当然有很大的局限性，个别样本的普遍意义不能无限放大。大象无形，大音希声。界岸村是一面镜子，可以折射出中国改革变迁的历史轨迹，从中看到农村未来发展的样子。

口述史通常以重要人物、重大事件为主题。然而，历史不仅由社会精英创造，更有无数普通人推动。在滔滔不息的时代洪流中，每个人、每个家庭、每个村庄，都是历史的参与者与见证者，都有各自不同的体验和感受。

以一个生产队为单位，捕捉家家户户的日常琐事，重现底层村民的复杂人生，展示集体记忆的多彩图景，记录社会变迁中普通人的命运沉浮，让沉默的大多数留下历史踪迹，这是我开展田野调查、进行口述记录的初衷。

2017年8月，一个中国村庄的集体记忆——《界岸人家》出版。国庆前夕，我将口述录音与出版的新书送给村里的父老乡亲，不一会就有电话、短信，好多人仔细看这本书，为自家的事上了书、给后代留下老一辈的事感到高兴。乡亲们的肯定，是对这项工作的最大褒奖。

《界岸人家》出版后，收到些许反响。三十多岁的陈女士读得仔细，书中有不少折痕。她把同一个口述者分散在不同部分的内容串起来看，便于了解口述者的全景及其家庭成员的情况。四十多岁的朱记者专程到界岸，实地"接收信息、寻找感觉"。在他看来，村民们就是各种"历史大片"中的"路人甲"，都是同一个人。年近八旬的智者，我尊重的老领导打来电话。他说农民对苦难的忍受力，是其他阶层难以想象的，底层农民一个个生命故事，折射出历史变迁中普通人的命运沉浮。

我再一次重听访谈录音，仔细辨读一个个熟悉的声音，回忆一张张不同的面容，一字一句回味体析，用他们的声音思考，从村民的视角领悟，相当于进行第二次访谈。第一次访谈重在倾听、记录，第二次访谈则是无声的交谈、心灵的沟通，与十几个经历了时代沧桑的家庭交流，与三十几位不同年龄的乡亲对话，一起品尝酸甜苦辣，共同体会苦乐人生。于是，就有了一个中国村庄的个体生命史——《界岸人家2》。

《界岸人家2》共三十四篇，汇集了19个家庭38位村民的生命故事。每一篇的开头，记录访问时间、地点，对口述者、访问背景作简要描述。内容框架保持访谈时的原始结构，记录口述者的某些非语言表达，如动作、神情、语气等，尽量还原访谈过程中作者的即时感受、情景现场，对某些事件作必要注释。每一篇的结束，对受访者进行个体化解读，简要分析口述内容，追索和比较不同家庭的历史、个人的历史。作者的所思所想，不一定精当妥帖，纯属有感而发，对父老乡亲表达一种发自心底的欣赏与尊重。

2019年清明，我再次回到老家，村里行人稀少，听不到鸡犬之声。脚踏故乡的土地，仿佛走进历史的回廊。面对残存的界岸，遥想几百年前先民围垦造田的沸腾图景。一切都过去了，只有碎石和小草还在。经过整治的川港河，岸堤巩固美化，河道疏浚冲刷。这条千年古河，还能恢复生机，欢快奔腾与歌唱吗？

赵顺荣年过九旬，坐在门口晒太阳。老人口述中有一段话，给我的印象很深。他被拉壮丁一路到锦州，开小差逃走。往哪跑？赵顺荣说："老班长曾经讲过，这么远的路，我们恐怕都回不去了。你们真要走的话，方向要记准，一直朝着太阳跑，总归大差不差。我们记好这句话，朝着太阳的方向跑……"

朝着太阳跑。在人生旅途上，在历史长河中，"太阳"能否成为精神的象征，呼唤更多的人改变命运、走向未来呢？

附：村民口述（节选）

拉壮丁一路到锦州

讲述：赵顺荣

我今年89岁，算起来是1927年出生的。说到拉壮丁，哪一年记不清了。当时村里的男人都出去躲壮丁，我没有。为啥？我长得细小，还没成人，看起来就是个小孩，别人躲，我用不着躲。那天躺在床上，天还没亮，突然闯进来几个人，一下子就被他们拉走了。

走的时候，说有十石米，后来一粒米都没见到。一拉拉到乡公所，记得是腊月里，快要过年了，大家都哭，不想走，有什么办法？只能跟着走。吃的苦头这辈子忘不了，一路上受了多少罪噢！当那个兵吃都吃不饱，开始时吃籼米粥，后来吃高粱米，黑里泛红，不好吃，大家都说伤脑筋。一天到晚走路，走了几个月，不知道走了多少路，也不知道到哪里去，一直往北，在天津上船，下船后再走，最后到了，说是辽宁锦州。

你问当时我是什么部队？国民党198师，392团。步兵，连里轻重机枪都有，块头大的拿机枪，我个子小，拿步枪。那时也打靶训练，好像我打得还蛮准。在部队里，你不挨不挨打，犟就要挨打。有个老乡姓陆，六指头，犟里犟气，被长官"咣嘡咣瞠"扇耳光。我个子小，排队班里倒数第二。班长年纪大哉，恨不得有四十多岁，他不捉弄我，也没照顾我。实事求是讲，到东北上过战场，听到远处枪炮响，没有正经打过仗。

我和同乡两人一起被抓去，开始就用心思，排队在一起，分连在一起，逃跑也一起，互相有个照顾。我们的驻地是丘陵地区，高高低低起伏不平。听老兵说，冬天不能逃跑，太冷，要冻死的；晚上不能逃跑，路不熟，走到山里转不出来就麻烦了。那几天，大家偷偷说，枪炮声越来越近，也许马上打到身边，赶紧转念头逃跑。我们的防区在一片低洼地，早上我俩啥也没带，悄悄跑了出来，弯着腰，沿着战壕只顾跑，跑了差不多十几里，才停下来。

当初跑的时候，不知道往哪儿跑，也不是找解放军，就是为的逃离战场，保一条小命。老班长讲过，这么远的路，我们恐怕都回不去了，你们真要走的话，方向要记准，一直朝着太阳跑，总归大差不差。我们记好这句话，朝着太阳的方向跑，跑着跑着，遇到解放军了。他们叫我俩举起手来，简单搜了搜，问我们从哪里来，有没有带武器，准备到哪里去。剥下我们的臂章，说你们回家很好，如果不回家，留在我们部队更好。我们怕打仗，都说要回家。

我们离开的时候，解放军打了一张路条，好像是通行证。回家的路上，碰到一群一群的国民党逃兵，很多。一群国民党逃兵有二十来人，把我俩的衣服抢走，只剩一件衬衣、罩裤。沿路东要要西讨讨，有一户人家最好，有白米饭，我吃了两碗，不好意思再吃了，其实4碗都吃得下。一路上肚子饿透了，几个月里就记得吃了这么一顿饱饭。哎呀！难得碰到这样好的人家，有饭吃，有菜吃，到底是什么地方？什么人家？到现在也不晓得。我念过书，勉强能看报，拿着解放军开的条子，一路走一路问，瞎天闯。那边的话听不懂，问也问不清，一点不知道哪里是哪里。

我俩好不容易走到天津，想乘船到上海。他个子大，先挤上船，我力气小，挤不上去。同伴走了，剩我一个人，怎么办？急得不得了，走投无路，想想投海去死吧。我跳到海里，不会游泳，糊里糊涂，一划一划，不知怎么划到边上。岸上的人讲"快点快点"，递一根竹竿，让我拉住，总算上岸，捡了一条命。

船坐不上，再去找火车，上车时又被拉住，问我要票。我说，"我要回家，没有车票，没有钞票。你看我这个样子，有没有钱？没有行李，没有东西，两手空空，一无所有啊。我要回家！"等了好几天，总算让我上车，一直到无锡。无锡要乘船，还是没钱，肚子饿煞。他们盛了一碗饭给我吃，乘上船，总算到了家。

从东北到家，好几个月，春天三月里开始跑，慌慌张张，一直跑到六月里，大夏天到家。到了家，人又瘦又脏，身上白虱满把抓，衣服破破烂烂，勉强遮体，家里人都不认得我了。

后半世全靠邓小平

讲述：周仁惠

1979年，大队办服装厂，非让我回来，没有办法。大队把裁缝组织起来做衣服，吃大锅饭，做的人不负责任，服装交付后退回来返工，等外品太多，搞不好。

那年我老婆生第二个小孩。当时政策准许生二胎，只是两胎之间要隔48个月。我老婆中间已经流掉一个，后来满48个月了，才怀第二胎。大队里看我成分高，非要罚款，罚300块钱，我就不干了。儿子6月份生，我10月份走。当时的形势已经变了，1978年邓小平上台，1979年允许外出做手工业，无论是生产队还是大队，要挡是挡不住了。

我动身到兰州去，有个亲戚在市百货部工作。临走前大队干部关照我，到那边想办法订点货，推销大队服装厂的服装。到兰州后我想，你要罚我的款，我也算计算计你。一封电报回家，叫他们速寄样品。样品服装收到，很快卖掉，钞票归自己。3年后兰州回来，也没人提这个事儿。

从那时起，我就一直在外地干活，两三年回来一次。

到1985年，我积蓄了一笔钱，在村里第一家造楼房，花了五六万。房子刚起好，走到桥对面，某人一把抓住我衣领，跟我缠不清。我自己挣的钱，造个房子还要受你们的气？想来想去想不通。

有人放话出来，"挣了钱，不好一个人用的"。我不犯法，劳动挣来的钱，凭什么不能自己花？凭什么要给你们花？他老死我都没去送终。

从1979年开始，手艺人外出挣钱不用交队了，人也自由了。那时，我与街上的进生一起，帮公司加工服装。成捆成捆的布，只要有力气做，日日夜夜做，做多少也行。我俩就说，现在自己挣钱自己花，回家造房有指望，前面的路看得见了，一个人的心情完全放松了。那时我就想，做到50岁，最晚55岁，就不做了，眼下苦一点，时间要抓得紧而又紧。

我开始时也摆过摊，后来主要在家里做，进点布，人家定做。也加工服装到市场上卖过，到底不如浙江人精明，效果不太好。我一个人做裁缝，前前后后将近40年，没有带过徒弟，没有请过帮手，所有的活、所有的钱，全靠自己十个手指做出来。

女儿从小在公公奶奶处长大，那年还上初一，突然非要跟我到兰州去做裁缝。做了不到一个月，又说要回来，那时也就十三四岁。我抽出皮带，噼里啪啦一顿打。开什么玩笑？回去学校还要你吗？学校不要荒在家里怎么办？就这样一直做下来，1999年结婚，女婿也是裁缝。

我一直做到2003年回来，虚岁55，眼睛不行了，穿针看不见。1997年在县城买房子，花了27万多，是队里第一个在县城买房的。买这个房子，主要为两个老人。他们在乡下住，生活不方便，年纪大了，背驼了，让他们不要干活，非要下地，不舍得用自来水，还要用河水，万一摔跤怎么办？弟弟在城里，不到过年从不回家看望。

我把父母从乡下接过来，负责养老送终。父亲走之前卧床五六个月，屎尿都在床上。两条被子一剪四，变成八条，天天换洗晒，都是我一个人。娘去世前也卧床不起，洗洗刷刷是我老婆弄的。

儿子在帽厂上班，孙子12岁，一家人住在岳父家。他们拆迁，换到三套房，街上又买一套，还有个门面。我们生产队里的老楼房，快30年了，下雨漏得不像样子，去年回去翻修，主要是止漏。我们夫妻俩前几年都买了社保，加起来每个月有2600块养老金。

父母去世后，我就是炒股，除了星期六、星期天，平时天天去，像上下班一样。一帮朋友吹吹牛，听听小道消息，有一搭没一搭，随便聊聊天，大家讲得来，比什么地方都好。现在不像过去，吃了上顿愁下顿，不愁吃不愁穿，多少能拿点出来，身体也蛮好。说穿了，我们这班人后半世全靠邓小平，才算自由了，否则还不早就死在土地上。

再 婚

讲述：陆明生

我1980年再婚，两人年龄差得多，20多岁。

这个事情怎么搭起来的呢？我是队里最早的个体户，别看文化低，话不多，离过婚，当时想我的人好几个呢。有一个姓黄的妇女，又高又大，白白胖胖，一个人跑到我家，说丈夫怎么怎么不好，想与我好。我说不对的，路这么近，被人家知道讲出去，两个人都难为情的，当场回断。

那时做眼镜上的方钉，我经常到外地送货。她刚好在那里上班，一来二来，慢慢熟起来。她父母不情愿，我去过两次，她父亲大发火。她跟着我东藏西躲，她几个亲戚寻到我家，给烟他们不接，讲话他们不理，正在气头上。几个人像抄家一样，前前后后，里里外外，到处找人。没找着，人怎么可能还在家里呢？早就躲出去啦！四处藏，地方多得很。她父亲也来候人，有一次差点被捉着。几次找不着人，丈人火了，喊了几个人，跑到大队书记家，说只要见女儿一面，当面听她有个回答，以后再也不管了。

当时她正躲在三圩埭我大妹妹家。于是，把她领到大队书记家里，一起见个面。我们早有准备，妹妹与村里几个妇女，护着一起去。刚到那儿，就被她姐姐一把抓住，想把人抢走。我妹妹拼命剥她的手，放开后老婆拔腿就逃。看热闹的人很多，当地人帮当地人，只让我老婆走，娘家人拦住。我骑一辆摩托车，预先约好，半道上等着，老婆一到，赶紧上车，"呼"的一下走了，他们哪能追得到？

我想这样躲躲藏藏下去，终究不是长事，就找肖林帮忙，到她父母那儿说情。他很会说话，劝我丈人，说自古至今，老夫少妻多得很，他们已经生活在一起，你何必再阻拦？拦也拦不住。即使拦下来，再嫁人名声不好听，不如成全他们。好说歹说，总算劝醒。回来给我一讲，我心里一欢喜，道谢都来不及，"阿弥陀佛，多亏你，谢谢你，不忘记你。"

老婆生了孩子望产妇，娘家亲戚都来了，岳父还有点抹不开面子，说有事不来。我专门让人上门去请，用摩托车把他接来。如今30多年过去，他们再也不说我们结合有什么不好。

北京啊北京

讲述：李武

我 1986 年出生，北京酒仙桥职工医院生的。我对酒仙桥没什么印象，只记得小时候家旁边有个宣武医院，边上有个东方饭店，有点印象。有一个儿童医院，去看过病，也有点印象。小时候印象最深的，是从家里出来，到阡儿小学读书，经过蜡竹胡同，再走到学校。那段路不算远，经常一个人走。印象中北京的四合院很污秽，泔水、屎尿倒在窨井盖上。五六个四合院合用一个公共厕所，上厕所走七八分钟路，不得了麻烦。我家开始租住一间屋，只有五六平方米，后来我大了点，租两间小屋，外面搭个披，做饭用。

小时候常跟着爸爸出摊，记得还被打了一顿。那时刚刚记事，可能三四岁吧，在商场玩，上台阶要爬上去的。爸爸在永安商场门前摆摊，我在商场玩，营业员都认得。那天人家找我玩，爸爸说在商场里。他们到处找，就是找不到，担心被人家抱走了，商场进进出出的人多啊。他们也没想着到家里寻，这么小的孩子，近一公里路，怎能想到我会自己回家呢？妈妈正在家里干活，我糊里糊涂，一摇一摆、一挪一挪回去了。妈妈还问，儿子你怎么回来了？我说自己回来的。妈妈一想爸爸找不到肯定着急，正想出门通知，爸爸回来了，拿着裁衣尺，往我腿上就抽，腿都打青了，他差不多魂都吓掉啊！商场里的服务员都出来找，生怕被别人抱走，想不到我会自己回来，一路拐几个弯，东走西转，万一走不到家怎么办？那次挨打有印象，刚刚到家，爸爸打的。

记得小时候，家里有个大桌子，上面裁衣服，中间隔空，底下有层薄板。我就蹲在桌子底下玩，睡觉也在下面，站起来撞头，不能走，只能爬。后来好些了，两个房间，一张床。床好像是旧沙发拼的，蛮大的，中间有条缝，我经常陷在缝里。1993年上学，读到5年级。上学时在隔壁邻居家吃饭，不给饭钱，爸爸妈妈常买点排骨、鱼过去。他家有个女儿，大我两岁，一起上学，交赞助费，开始每学期4000元，后来2000元。

低年级时还不懂什么，到高年级，逐渐感到外地人受歧视。我班一个男同学姓李，不是北京人，北方人，又高又黑，他父亲在北京做下水道。班里分队踢足球，好的分甲队，不好的分乙队，我和李同学总是分乙队。小孩子吵架，他们就说，你是外地人。怎么说呢？老师还好，同学之间看法不一样。那时还不像现在，同学之间不会比房子比钱，觉得外地人好欺，还是蛮普遍的。学校小店里卖棒冰，大家排队，他到你前头加塞，吵起来，就说你是外地人。上低年级感觉不到，到三四年级，这种感觉慢慢明显起来，玩起来总感到受压抑，不像在老家，到哪里都是自家的地段，自由自在的。

怎么说呢？就说读书写字吧。我们这边的"倪"字，单人旁加个"儿"，我爸这样写，我也这样写。语文老师说，你怎么连这个字都不会写？他又不给你讲应该怎么写。写一次不对，再写一次还是不对。那时刚刚有电脑，回来问爸爸，翻了字典，才知道规范的写法。尽管出了赞助费，外地人总归是外地人。

我的童年是在北京度过的。要说大城市童年生活对我的影响，怎么说呢？我在北京读小学，回老家上初中，换了几个地方。现在我到一个新环境，与人相处比一般人快，适应性强一些。也许是经历了乡下、城市的不同感觉，我到新的地方上班、出差，或者碰到别人有不同性格、不同看法，不会像别人那样受不了，心里想，世界就是这样的，习惯了就好，所以对人比较客气，与人的交际、相互关系处理比较好，心理承受能力强一些，毕竟见到的经过的，要比别人多一些。

小孩子爱玩，城里人乡下人的玩法不一样。乡下小孩打水枪、吃桑果、挖蟛蜞，这些我在北京就没有玩过。小时候在北京玩什么？玩电脑、玩手枪、踢足球。刚开始从北京回来，与同学们有距离感。比如说，下课后，他们摘桑果去了。我到现在还记得，第一次爬桑树，不像他们那样熟练，结果掉在河里，回去被好婆打一顿。十几岁回家，换了一个环境，慢慢适应，要一个过程。怎么说呢，总觉着从北京到乡下，中间脱掉一节。你问我是否怀念北京大城市的生活？一点也不怀念。为什么？回来后大家平台一样，说不定我的平台还比别人高一些。北京读完五年级，回到家乡，住在好婆家，读到初三，父母亲才从北京回来。

为什么不在北京读下去？爸爸妈妈讲过，一是赞助费贵，二是不扎根。想想我们毕竟是农村人，没有户口，不长久的。也有人劝过，让父母不要回家造房，干脆在北京买房子。那时他们想，如果房子买在北京，将来老了怎么办？这是多少年前的事了，哪想到现在这样大的变化，那时只知道农村是农村，城市是城市。北京几个邻居都好的，住在房东家，大家搞熟了，不像在学校，有点受压制。

谈谈调研报告的起草、修改与审核

调查研究后形成的书面报告，有时叫调查报告，通常一事一议，侧重于情况分析与判断，篇幅相对较短；有时叫研究报告，系统性调查研究，提出对策建议，文字体量较大，两者统称调研报告。调研报告具有文字写作的一般特点，也有它的特殊性，基本要求四条：主题鲜明，事实准确，文字简洁，表达生动。衡量标准四条：能够吸引人看，让人看得懂，说服打动人，社会效果好。

一、怎样起草调研报告

提高调查研究质量，是起草书面报告的基础与前提。巧妇难为无米之炊。没有深入的调查研究，没摸清事实真相，不充分占有材料，不经过思考分析，写不出好的调研报告。这个过程从确定调研题目、拟定调研方案就开始了，为什么选择这个题目？已知情况有哪些？调查哪些新情况？重点难点是什么？解决哪些问题？调研报告的内容框架已经有所考虑。调查中听、看、问、议论讨论，不断思考，步步深入，实地调研结束，基本情况搞清，主要观点形成，调研报告的内容、材料都有了。有些同志把调查与研究分开，实地调查认真听仔细记，顾不上提问，来不及消化，调查结束回到办公室，对着一堆材料，再来琢磨怎么写，难度可大了。调查研究就是"十月怀胎",起草报告则是"一朝分娩",先有"胎儿",后有分娩,次序不能颠倒。

古人常说"意在笔先",意思是写字画画或写文章之前,先构思成熟,然后再下笔。起草调研报告,也要"意在笔先",这个"意"是创意、新意。大家知道的事情再说一遍,以为只有自己知道别人不知道,别人不知道的事情说得很少;以为自己知道别人也知道,提出的对策建议脱离实际不具操作性,这些都是调研报告的大忌。所以,构思时就要优先考虑,报告反映的问题新在哪里,提出了什么新的见解,对策创新点是什么。发现新情况,研究新问题,提出新举措,平时就要关注、思考、积累,通过调查研究得以升级升华。不仅考虑内容的创新,还要讲究形式的创新,追求不同于别人的更好的表达方式,不同于自己以往的写作样式,开头、结尾、布局都可以标新立异,逐步形成自己的写作风格与特点。

框架不拘一格,简单为好。调研报告框架设计的过程,就是分析归纳和理顺思路的过程。报告从哪几方面展开,每个方面有哪些内容,按照内在的逻辑关系,粗线条布局,理出大致轮廓和脉络,哪些地方详写略写,哪些地方难写,大的方面考虑周全,防止中途翻盘推倒重来。我们处在信息化时代,生活节奏快,大家都很忙,一般性长文章没人看,调研报告能短则短,短些、再短些。报告写得短,首先要简构架,减层次,减少一个部分,减少几个层次,就能减少很多文字。《百县农民奔小康的成功之路》与《关于加快调整乡镇区划的调查》,题目很大,涉及面宽,只有三个部分。《下岗职工访谈录》,直接摘录下岗职工发言。也有例外，《下岗职工再就业：当前的问题与我们的建议》，从十个方面展开，因为涉及下岗、再就业、生活保障三个问题，分别论述眉目清楚，容易写作。

调研报告的导语很重要，头几句话给人印象不好，就提不起看下去的兴趣。导语文字简洁，内容很多，一般来说，要交代调研目的、时间、地点、对象，是领导交办还是自选课题。为了引人注目，有时直接给出结论，有时提出尖锐问题。

写作调研报告的基本方法是夹叙夹议。叙，就是材料，用事实和数据说话；议，就是观点，从事实中得出观点。这就涉及两个问题，一个是观点与材料的统一，一个是典型材料的取舍。

毛主席在《工作方法六十条》第三十二条中指出："把材料和观点割断，讲材料的时候没有观点，讲观点的时候没有材料，材料和观点互不联系，这是很坏的办法。只提出一大堆材料，不提出自己的观点，不说明赞成什么反对什么，这种方法更坏。"调研报告不同于学术论文，重点是弄清事实，分析事实，从事实中自然而然得出结论，画龙点睛式概括，切忌空洞无物的长篇大论。

我们在调研中，通常会掌握许多第一手材料，包括文字资料在内，占有的材料越丰富越好。起草报告时，这些材料大多用不上，以材料证明观点，贵在精而不求多。有这样一个例子，某火柴厂"双增双节"扭亏为盈，作者掌握六个材料：1.技术革新，节约一分钱；2.巧想办法，节约一张纸；3.提高质量，增加一根火柴（合格率）；4.千方百计，节约一滴水；5.随手关灯，节约一度电；6.加强管理，节约一分钟。主题鲜明，事例很多也很好，如何取舍？逐个事例分析比较后发现，随手关灯，这个例子相对一般；节约一分钱、一张纸、一度电，都是节约财物，角度重复；最后选用1、3、6三个事例，从技术革新、提高质量、节约时间三个方面来表达主题，篇幅节省了，观点更加明了。起草调研报告，就是要围绕主题选材，选取典型的材料，新颖的材料，有特点的材料，真实的材料，以"少少许胜多多许"。

起草调研报告，有人出手快，写起来顺手，三五天就完稿，有人加班加点，迟迟交不了稿，痛苦不堪。原因是多方面，有写作方法写作习惯的问题。有的人写作前思考不充分，构思布局不当，为了赶进度，急匆匆动手，写作中卡壳，写不下去，推倒重来，影响了进度。有的人相反，写作前拟定提纲过于具体，考虑到每个部分每个层次，二级三级小标题，每个段落写什么，段落之间起承转合，反复琢磨推敲，花了不少时间。其实，从构思到写作有一段距离，最初确定的写作提纲，只能是框架性的，写作中往往突破预设，找到更好的表达方式，对提纲作出修改补充和局部改变，拘泥于过细的预案，可能框住手脚，无益于随机性创新性发挥。

在时间安排上，我的写作习惯，大体上构思、写作、修改各占三分之一，构思要周密，写作要快捷，修改要仔细。在构思阶段，除了考虑报告的创新创意、结构布局之外，更多琢磨三个问题：调查中掌握的典型事实是否有代表性，根据事实得出的结论是否有片面性，向上级提出的建议是否有操作性，侧重于内容与观点。有些问题把不准，就要补充调查，再听听主管部门、专家学者、其他同志的意见。写作提纲一般只到第一层次即几大部分，确定报告的写作重点，各部分大体内容等。

起草调研报告，下笔千言、一挥而就的情形可遇不可求，中途疙瘩、写不下去却是经常遇到，或者是因为观点没有想透，想不清也就写不出，或者是掌握语言工具不够，文字表达能力不强。遇到这种情况，我一般不过多纠缠，先空着，绕过去，接着往下写，不打断写作节奏，不打乱写作思路，尽量一气呵成，尽快写出初稿。就像打仗一样，部队向主攻方向开拔，遇小股土匪骚扰，要么顺手打兔子、随手消灭之，要么置之不理、急行军前进，主战场取胜了，小股土匪不在话下。初稿写完，心中大定，回过头来解决一个个遗留问题，心理状态不一样，容易找到办法，有时发现纠葛本不存在，自己在钻"牛角尖"，有些时候实在没招，干脆"取消主义"，改换其它表达方式，不要困在死胡同里打转转。

二、怎样修改调研报告

为什么要对调研文稿进行修改？因为文稿是客观世界的反映，经济社会、改革开放错综复杂，正确认识很不容易，难以一步到位，需要反复思考、多次认识才能完成，修改报告就是深化认识的手段与过程。有了鲜明的主题、正确的观点，还要用恰当的文字表达出来，而我们的言辞往往难以穷尽思想，一下子难以准确完整地表达，加上起草初稿图快讲效率，文字比较粗糙，只有反复修改，精心加工，才能提高质量。高手的文章老到天成，看似没有雕琢，实际上往往是雕琢不留痕迹，即所谓无斧凿痕。

重视修改是前人写作的重要经验。刀不磨不快，文章不改不好。从某种意义上说，好文章不是写出来的，而是改出来的，文章名家的修改稿样，是学习写作、研究写作的最好教材。鲁迅先生说，文章"写完后至少读两遍，竭力将可有可无的字、句、段删去，毫不可惜。"他十分重视腹稿，有些稿子改动很少，但不等于不改稿。逝世的前两天，鲁迅写《因太炎先生而想起的二三事》，当时，他深感"已经没有力气了"，然而，他不但奋笔写文，还精心修改，文稿修改53处之多。

毛主席赞同鲁迅的观点。他在著名报告《反对党八股》中说，"现在的事情，问题很复杂，有些事情甚至想三四回还不够。鲁迅说：'至少看两遍'，至多呢？他没有说，我看重要的文章不妨看它十多遍，认真地加以删改，然后发表。文章是客观事物的反映，而事物是曲折复杂的，必须反复研究，才能反映恰当；在这里粗心大意，就是不懂得做文章的起码知识。"

1946年3月，叶挺将军出狱，第二天致电中共中央，请求重新加入中国共产党。中共中央电贺叶挺，批准他加入中国共产党。毛主席亲自起草电文，电头从"叶挺将军"到"叶挺同志"，再改回"叶挺将军"，最后改为"敬爱的叶挺同志"。前后称谓不同，仔细比较体味，内含的心情感情是不一样的。

修改调研报告，一般从四个方面进行：深化主题，调整结构，取舍材料，推敲文字。这里，重点谈谈结构与文字方面的修改。

结构是根据主题的要求，将材料构成有机整体的组织形式。层次的安排，段落的划分，必要的过渡与照应，开头和结尾，都是结构的问题。好的结构应该是主题突出、层次分明、首尾呼应、衔接自然。如果一篇文稿层次不清、蔓生枝节、前后脱节或主题模糊，就需要修改。

有一篇调查报告，反映某市上半年经济运行情况和建议。初稿分三个部分：基本情况，主要问题，工作建议。稿件层次还好，但反映的情况不典型，问题不突出，而工作建议针对性比较强，提出在启动市场中调整结构，多种手段综合启动市场，深化改革促进市场调整，这些观点有参考价值。

对报告做如下修改调整：

（一）旗帜鲜明提出问题。市场疲软是当前经济工作的症结，产品积压不解决，经济难以持续增长，信贷会有失控危险，企业肥的拖瘦、瘦的拖垮，大伤元气，调整产业结构难以进行。

（二）下大力气缓解市场疲软。增加社会需求特别是投资需求，分类启动城乡消费市场，多个方面联动互动，尽快让市场转起来、活起来。

（三）不失时机深化改革。推进住房、价格、投资、金融等项改革，发展个体私营经济，推动经济走上良性循环。

观点和材料都是原稿中有的，重新分解组合，使调查报告主题更加集中，建议更有针对性，增加了新意和深度。

语言是思维的表现形式。对调研文稿进行文字方面的修改，重点是改正——使之准确，删减——使之简洁，修饰——使之通顺。

改正。发现原稿中的错字、别字、病句、表达不准确的字句，把差错改准确。文字的改正不能凭印象，有些要查字典，如"直截了当"与"直接了当"，"急来抱佛脚"与"极来抱佛脚"，"交代"与"交待"、"比丘尼"与"女和尚"，"七月流火"与夏天炎热等。特别留心有没有硬伤，不要犯常识性错误。

删减。契诃夫说，"写得好的本领，就是删掉写得不好的地方的本领"，"写得有才力，也就是写得短"。有些同志辛辛苦苦写了几千字，删稿子像要割他的肉，担心稿子短了显不出水平，其实文章的长短，完全视内容而定，关键在于思想观点。毛主席的《为人民服务》篇幅多长？影响了整整几代人！短些，再短些，尽量把可有可无的、重复多余的、表达模糊的字、句、段删去。

修饰。最好的办法是朗读，读起来结结巴巴、不流畅的句子，就是修改的对象，把拗口的句子改顺口，把长句子改短些，把文绉绉的句子改得通俗些，大话空话套话统统不要，补语、定语、形容词尽量少用。口语是好的表达方式，就像面对面交谈，深入浅出，娓娓道来，明白易懂。

修改文稿有两种情况，一种是改自己的稿子，自由度大些，一种是改别人的稿子，改得让作者信服，相对难一些。修改别人的稿件，注意把握三个方面：

（一）尽量尊重和保持作者的原有风格和观点

对调研报告的基本要求是一致的，即准确、鲜明、简洁、生动，达到这个要求的方式方法又是多种多样的。同一个事件，同一个主题，同一项调查，不同的作者可以写作各具特色、风格迥异的报告，因为不同的作者对同一事物的观察、理解、感受、观点是不同的，写作方法和文字表达也不会全然一致。这就要求我们修改别人的文稿时，不可以一己之好恶为标尺，更不能以自己的思维模式让作者的稿件就范，把原稿改得面目全非，修改变成了重写，别人的稿子变成自己的稿子。

小改，文字技术处理，改正错别字和标点符号，纠正病句，删去冗杂。中改，段落上增删、调整。大改，打乱原稿结构，有选择地利用原稿的材料，重新装配。一般来说，小改不可避免，中改须谨慎，可改可不改的不改，凡是自己改过的，多检查几遍，反复推敲。

修改中涉及一些探讨性、研究性、政策性较强的稿件，对于一些新颖的观点，与主流意见不一致的观点，特别是与自己不一致的观点，不要轻易删改，不能自以为是，不要把原稿的锋芒磨平。最好找作者当面商量，提出建议，互相讨论，最终还是以作者的意见为准，切不可把自己的观点强加于人。

（二）加工不加料，不随意修改事实

修改别人的稿件，只能加工，不能加料，可以删减材料，不能修改事实。即使确有把握知道某个事实错了，也必须有根有据地修改加工，绝不能凭想当然办事，一定要反复核实，如果把对的改错了，严重的时候会误事。

（三）必须耐心细心，切忌马虎草率

修改调研报告，不只是文字上的删删改改，还是一个复杂的思维过程。我们拿到稿件，千万不要拿起笔就改，一定要从头到尾反复看上几遍，领略原稿精神，详探文稿主旨，理顺段落层次，明察材料的优劣虚实，然后确定改稿方案，因势利导，对症下药，这样才能改出好稿件。

三、怎样审核调研报告

对调研报告的审核，是文稿修改后、定稿前的最后一道工序，主要是核对、校正、把关。

经过几轮修改，稿件中的明显错误不多了，不少错误是隐蔽的，表面上不容易看出，需要仔细核对才能发现，发现错误才能改正错误。

（一）推断是否正确

一种是套用，前后不搭，不讲逻辑。例如，邓小平提出"不管白猫黑猫，抓住老鼠就是好猫"，有人就说"不管姓资姓社，发展生产力就行"；现代国家"法律面前人人平等"，有人就说"钞票面前人人平等"；邓小平提出"解放思想，实事求是，团结一致向前看"，有人借此发挥，"不但一切向前看，还要一切向钱看"；"敢于借鸡下蛋，不敢借债的厂长不是好厂长"。

一种是偏颇，以点代面。"某某文章写得好，因为他十分重视文章的修改"；"改革开放带来社会安定，人民生活水平提高，某地成为长寿乡，百岁老人三千多"；"某人癌症晚期，西医久治无效，中医治好了，说明中医能治癌，中医比西医科学"。

（二）引用是否准确

我们在起草调研报告时，通常会引用数据、文献来说明，引用要核实无误，这不是什么难事，但是有写作经验的人都知道，如果不在文稿写成之后，仔细核对，这类错误是很容易发生的。特别是那些关键性数据、权威性资料，好多不是第一手材料，有些经过几次转手，可能与本来面目大相径庭，那些看起来有疑问的材料，都要查到原始出处权威出处，一一核对。文稿中引用的文件文献，也要认真核对，因一时疏忽无意中多一个字漏一个字，有可能产生歧义，甚至曲解原意。有些细节的出入，对报告的论证不发生直接影响，但会使别人对材料的全部可靠性发生怀疑，从而削弱并损害整个文稿的说服力与可信性。

（三）细节是否可靠

从原稿中找矛盾。比如，"某县大面积推广杂交水稻，增产两成，多少万亩共收多少万斤"，一算每亩单产不到200公斤，产量太低，值得怀疑。有份调查报告称，"五年来，某县GDP年均增长9%，财政收入年均增长22%"，两个数据不配套，需要进一步核查。对于一些作为经验推广的，特别要仔细推敲，防止弄虚作假、"赶浪头"。那种说好好上天、说坏坏到地的文辞，特别是"创记录"、"第一"、"首创"、"填补空白"一类词语，必须慎用，没有把握的，核对资料，以防失实。

（四）行文是否统一

审核稿件中涉及的名称、时间、数字，这些方面容易出错，既要纠错，还要规范。

关于名称。同一名称在文稿中前后要统一，第一次出现时用全称；注意名称的最新变动；外国的名称以新华社译名为准；技术专用术语不要用错，群众难懂的术语能不用的尽量不用；有些名称有规范用法，如"苏联十月革命"应为俄国十月革命，"满清"应为前清或清朝，礼拜应为星期，老革命根据地应为革命老根据地，公尺应为米，等等。

关于时间。当新的一年、一月开始时，要注意稿件中的今年明年、本月上月等，避免造成时间错误；清代及清代以前历史纪年用汉字，公历纪年用阿拉伯数字等。

关于数字。一千亿与一千万亿，注意小数点位置的移动；公斤与市斤，元与美元，注意不同单位。数量的增加与减少，"增加了"与"增加到"的差别，"超额"与"降低"的用法，不能用"降低多少倍"或"减少多少倍"的提法，因为减少一倍意味着一减去一等于零，减少或降低几倍不可理解，只能是降低或减少百分之几。不要随便增删数字前后的"近"、"多"、"约"、"左右"等表示分寸的字样。